JN408823

옥호열

(Voelkel, Harold : 1898–1984)

배귀희 지음

불휘총서 간행사

숭실대학교 한국기독교문화연구원은 숭실창학의 기독교적 건학 이념 위에서 1967년 설립된 이래 한국의 기독교 문화에 관한 연구를 수행하고 있습니다. 특히 2014년 연구소에서 연구원으로 승격되면서 숭실창학 120주년 기념사업의 일환으로 진행된 뿌리찾기위원회(2013~2017)의 연구성과(30과제)를 2016년부터 불휘총서 시리즈로 30권으로 기획하여 불휘총서 1권 『윌리엄 베어드』 부터 2018년 불휘총서 19권 『방지일과 중국선교』 까지 발간하였습니다.

평양에서 시작한 숭실대학의 정신을 설립자 윌리엄 베어드(배위량), 3대 교장 사무엘 마펫(마포삼열), 4대 교장 매큔(윤산온) 평전으로 담고자 했으며, 평양 숭실에서 교수로 활동하거나 북한 지역에서 활동한 선교사 블레어(방위량), 번하이젤(편하설), 엥겔(왕길지), 클라크(곽안련), 베커(백아덕), 휘트모아(위대모), 킨슬러(권세열), 솔토형제(소일도, 소열도), 해밀톤(함일돈), 맹로법(맥머트리)연구를 통해 북한 기독교 연구에 기초자료를 제공하고자 함이었으며, 숭실의 순교자, 숭실의 음악인, 방지일, 평양 숭실의 교과서(『논리략해』, 『인생문제와 그 해결』)를 연구함으로서 평양 숭실의 실체에 더 가까이 다가서고자 함이었습니다.

2018년 5월 숭실대학교 한국기독교문화연구원이 '근대전환공간의 인문학-문화의 메타모포시스'라는 아젠다로 인문한국플러스(HK+) 주관기관으로 선정되어 연구를 진행하고 있으며 불휘총서 시리즈를 승계하여 기독교가 한국문화에 끼친 영향을 오롯이 5권에 담아내고자 합니다.

평양 숭실의 2대 교장 라이너(나도래) 연구를 내놓으신 박삼열 교수님, 5대 교장 마우리(모의리)에 대해 연구를 담아낸 권연경 교수님, 한국전쟁과 숭실 재건과정에서 활약하신 보켈(옥호열) 선교사를 연구하신 배귀희 교수님, 평양 숭실 기독교 정신의 상징인물 가운데 한 분이신 손정도 동문의 평전을 지으신 김홍수 명예교수님(목원대), 평양인이면서 숭실을 사랑한 조만식 선생을 연구하신 윤철홍 교수님께 감사를 드립니다. 또한 불휘총서 시리즈가 진행하는 데 많은 도움을 주신 숭실대학교 부설 한국기독교박물관의 학예팀의 한명근 팀장님과 행정적으로 도움을 주신 한국기독교문화연구원의 서예영 과장님, 학술정보지원팀의 이준학 선생님에게 감사의 말을 전합니다. 불휘총서와 함께 한 오지석 교수님과 출간이 될 수 있도록 간사를 맡아 수고해 주신 마은지 박사님께도 깊은 감사의 마음을 전합니다.

이번 총서에 담은 성과들 또한 한국의 기독교 문화의 뿌리를 찾아가는 데 길라잡이가 될 것입니다. 앞으로도 남은 6권의 시리즈를 출간하여 불휘총서 시리즈 30권을 완간할 예정입니다. 우리 숭실대학교 한국기독교문화연구원은 기독교가 우리 문화 속에 새겨놓은 흔적의 다양성과 풍부함과 숭실의 정체성을 드러내고 함양하는 연구와 비전을 제시해 나갈 것입니다.

불휘총서가 진행될 수 있도록 기획하고 총괄해주신 곽신환 전임 연구원장님과 이 일이 계속될 수 있도록 아낌없이 지원해 주신 황준성 총장님께 깊은 감사를 드립니다.

2020년 6월

숭실대학교 한국기독교문화연구원장

황 민 호 삼가 적음

저자 서문

2020년 올해는 한국전쟁 발발 70주년이 되는 해입니다. 이러한 뜻깊은 시기에 옥호열(Harold Voelkel) 선교사에 대한 불휘총서를 출판할 수 있게 되어 개인적으로 저에게는 큰 기쁨이요 크게 감사한 일입니다. 저에게는 매우 낯선 인물인 옥호열 선교사에 대해서 선교사 평전을 쓰게 된 경위를 설명할 필요가 있을 것 같습니다. 안식년을 다녀온 이후 어느날 숭실대학교 곽신환 교수님으로부터 연락을 받았습니다. 차 한 잔을 하면서, 곽교수님께서는 옥호열 혹은 Harold VoelKel 이라는 선교사 평전을 쓸 수 있겠냐는 제의를 하셨습니다. 사실 내심 고민이 되었지만 한국에서 평생을 헌신한 선교사 평전이기에 저의 신앙적 관심으로 덜컥 수락하게 되었습니다. 이렇게 해서 옥호열 선교사에 대한 제 탐구가 시작되었습니다.

옥호열 선교사님에 대한 자료 정리 과정에서 확인한 사실이 있습니다. 옥호열 선교사님에 대한 기본적인 자료가 국내에는 거의 없다는 것입니다. 자료수집의 벽에 막혀 평전 집필은 실마리를 찾지 못하였습니다. 그러던 중 오지석 교수님의 칼럼에서 중요한 단서를 찾았습니다. 옥호열 선교사가 반공포로 전도 및 석방에 기여하였다는 내용이였습니다. 그 사실에 착안하여 미국 자료를 역으로 찾아 보았습니다. 먼저 옥호열 선교사의 선교보고서 혹은 저작물을 찾던 중에 옥호열 선교사가 저술한 2권의 책을 발견하였습니다. 하지만 6.25 전쟁 및 반공포로 전도에 관한 자료가 불충분하여 고민을 했습니다. 그런던 중 현재 대만 중산대학에서 근무하는 Haga교수의 박사학위논문을 우연히 보게 되어 한국전쟁에서의 미국 선교사들의 역할을 이해할 수 있었습니다. Haga 교수의 논문에 옥호열 선교사를 다룬 내용이 많지는 않지만 한국전쟁 직후의 미국 선교사들의 활동 및 한국전쟁에서의 미국 선교사들의 노력과 헌신을 거시적인 관점에서 이해할 수 있었습니다.

그렇지만, 옥호열 선교사에 관한 퍼즐을 완성하기 위한, 그의 개인적 신앙 및 선교사로의 헌신과정에 관한 자료는 여전히 구할 수 없었습니다. 그 분의 생애를 독자들에게 들려 줄 수 있는 열쇠는 어디에서도 찾아볼 수 없어 제 고민은 길어만 갔습니다. 방황의 시간이 길어지던 중, 오지석 교수님께서 옥호열 선교사 가족들이 펴낸『헤롤드 보켈: 가족 선집』이라는 책의 존재를 알려주셨습니다. 그리고, 보켈 선교사 아드님을 통해 PDF파일을 얻을 수 있었습니다. 이러한 기나긴 자료 수집 과정을 거쳐 자료를 정리하여 드디어 옥호열 선교사에 대한 퍼즐을 완성하였고, 이 평전을 출간할 수 있게 되었습니다.

본 옥호열 선교사 평전은 기본적으로 8장으로 구성되었습니다. 1장 옥호열 선교사의 성장 및 신학교 시절, 2장은 초기 한국에서의 사역, 3장은 한국전 전후의 사역, 4장은 한국전쟁 초기 피난민들에게 끼친 선교사들의 영향, 5장은 인천상륙작전과 그 이후: 선교사들과 보켈 선교사, 6장은 함흥과 흥남 철수에서 보켈 선교사, 7장은 포로수용소와 보켈 선교사, 8장은 숭실대학교와 보켈 선교사입니다.

우리는 국사시간을 통해 구한말 선교사들이 우리나라 개화기에 교육, 의료 및 다양한 분야에서 국가 발전에 커다란 기여를 하였다는 것을 알고 있습니다. 그러나 일제강점기 후반이후 우리나라에서 선교사들의 활동과 역할에 대해서는 알고 있는 것들이 거의 없다는 사실을 이 책을 쓰면서 절감하였습니다. 그리고 일본 강점기와 광복 이후, 한국전쟁 기간에도 많은 선교사들의 한결같은 활동과 헌신이 있었음을 알게 되었습니다. 특히 한국전쟁 당시에 백악관과 덜레스 특사, 그리고 미국 선교사와 이들을 파송한 미국 교회와 그리스도인들의 기도와 도움이 대한민국을 살리는데 커다란 도움이 되었다는 것을 알게 된 것은 놀라운 발견이었습니다.

이 책을 통해 옥호열선교사의 노력과 헌신에 깊이 감사드립니다. 더불어, 한국전쟁 및 재건 과정에서 헌신하셨던 이름 모를 많은 선교사들 및 이들을 후원하고 기도하였던 미국 교회와 그리스도인들에게 깊은 감사를 드립니다. 그리고 숭실 뿌리찾기를 기획하고 추진한 곽신환 교수님, 자료의 부족으로 고민할 때 함께 고민하고 도움을 주었던 오지석 교수님, 그리고 윤문 및 교정으로 도와주신 사단법인 배우고 나누는 무지개의 장원재 박사님(전 숭실대 문예창작학과 교수), 그리고 이 책이 나오기 까지 지원을 아끼지 않은 숭실대학교 출판부, 교정 및 편집으로 함께 해주신 마은지 박사님에게도 감사드립니다.

2020년 2월

배귀희

목차

보켈 선교사 연표

1898	필라델피아에서 출생
1928	거투르드 스왈론과 결혼 (뉴저지, 앱시컨 시)
1929	프린스턴 신학교 졸업. 1개월 뒤 장로교 외국 선교위원회의 파송발령을 받아 한국으로 출발
1940	전쟁이 임박해 보켈 선교사 가족이 미국으로 귀국
1941	일본의 진주만 공습 전 보켈 선교사가 미국으로 귀국. 2차 세계대전중 LA에 있는 미공군기지에서 군목으로 근무
1945	미 육군으로부터 자유훈장을 수여받음
1946	2차 세계대전 이후 한국으로 돌아온 최초 10명의 선교사들 중 한 명으로서 안동에 있는 자신의 집에 거주. 그 지역에서는 유일한 외국인 선교사로 활동
1948-49	보켈 선교사의 안식년. 미국에 거주
1949	보켈 선교사 가족이 한국으로 돌아와 서울에 거주
1950	북한의 침략으로 한국전쟁이 발생
1950-1953	포로수용소 사역. 1950년 가을, 인천 상륙작전 때 한국으로 재부임. 이후 보켈 선교사는 수감자 사역 진행
1952	미국 정부로부터 '자유의 메달'을 수여받음
1954	보켈 선교사의 안식년
1955	서울의 숭실대학교에서 교수 생활을 시작
1961	한국 정부로부터 복지 메달(Welfare Medal)을 수여받음
1966	경북대학교로부터 명예박사를 수여받음
1967	퇴직하여 캘리포니아 두어트 웨스트민스터 가든스에 거주
1976	숭전대학교(현 숭실대학교)에서 명예박사학위를 수여받고 재향군인회로부터 평화의 대사로 임명됨
1984	소천

I.

보켈 선교사의 성장 및 신학교시절[1)]

선교사들은 누구인가. 그들은 우리에게 어떤 의미가 있는 사람들인가. 이 땅에 복음을 전하기 위해 헌신한 것 이외에도, 세 가지 측면에서, 특히 한국전쟁 전후 그 분들의 삶을 들여다 보았으면 한다. 첫째, 본국에서 시종(始終)했더라면 개인적 가족적으로는 훨씬 더 편안한 삶을 사셨을 것이라는 것. 그 분들이 활동하던 시절의 한반도는 정치적, 경제적, 사회적으로 지금의 대한민국과 비교할 수 있는 수준이 아니었기 때문이다. 둘째, 선교사들이 이 땅에 근대성(近代性), 합리주의(合理主義)가 자리 잡는 중요한 통로 역할을 수행했다는 것. 셋째, 6.25 때 참전하여 세운 공헌이다. 선교사들은 전장(戰場)을 누비며 수많은 생명을 살렸다. 더불어, 여러 기록을 통해 편린처럼 전해지는 이 분들의 삶을 추적하고 정리하면, 당대 한반도의 상황을 종합적 거시적으로 이해하고 조망하는 단서도 얻을 수 있다. 선교사들의 일대기가 우리에게 수많은 의미를 지니는 이유다.

옥호열(1898~1984)이라는 선교사가 있다. 본명 헤롤드 보켈(Harold Voelkel) 보다 한국 이름 '옥호열(玉鎬烈)'을 더 사랑하고 옥호열로 불리기를 좋아했던 사람이다. 한반도 태생인 아내와 더불어 평생토록 한국과

1) 1장은 『해롤드 보켈: 가족 선집』(2012)을 재구성하여 작성하였다.

의 인연을 이어간 인물이다. 그의 생애를 더듬어가다 보면 우연처럼 작동한 필연을 느낀다. 하나님의 섭리가 곳곳에서 등대처럼 그의 삶을 비추고, 그의 삶에 행로를 안내했다. 한국인보다 더 한국을 사랑하고 이해했던 옥호열, 과연 그는 누구이며 어떤 사람인가.

헤롤드 보켈은 1898년 2월 14일, 필라델피아 펜실베니아(873 스틸맨가)에서 윌리엄 찰스 보켈과 루이사 콜츠 보켈의 장남으로 태어났다. 위로는 보켈 선교사의 누나인 릴리안이 있었지만, 릴리안은 아주 어릴 때 세상을 떠났다. 보켈 선교사가 태어난 2년 후 남동생 엘마 어윈이, 또 2년 후 캐롤린이 차례로 출생했다. 4년 후에는 다른 여동생 조세핀이 태어났지만, 신생아 시절 숨을 거뒀다. 5남매 중 둘이 유아 사망한 사실에서 추측할 수 있듯이, 보켈 선교사의 집은 가난한 가정이었다. 노년에 집필한 회상기에서 보켈 선교사는 자신의 어린 시절을 다음과 같이 회고했다.

우리 가족이 살던 집에 대한 나의 가장 오랜 기억과 추억은 4살 때로 거슬러 올라간다. 부엌이 집 가운데 있었고, 한쪽 모퉁이에 석탄 난로가 있었다. 반대편에는 둥근 테이블이 있었는데, 여기서 우리 가족들은 가장 많은 시간을 보냈다. 식사 공간은 따로 없었다. 1층에는 방이 2개였다. 부엌과 거실이다. '거실'이라는 명칭은 적절하지 않다. 이곳에서 우리 가족이 생활한 적은 거의 없기 때문이다. 이곳은 '회사'를 위한 자리였다. 2층에도 방이 2개 있었다. 우리 가족이 살던 곳은 화장실이 없는 집이었다. 화장실은 집 밖 뒤뜰에 자리했다.

우리 집은 검소했다. 우리는 가난했지만, 집과 가족에 대한 나의 모든 기억은 긍정적인 감정들 뿐이다. 본인들의 삶보다 자식들의 삶에 온 신경을 기울이신 우리 부모님의 사랑과 헌신 덕분이다. 우리 가족은 서로가 모두 친밀했고, 훌륭한 육아가 삶의 자연적 일부로 받아들여지는, 기쁨이 가득한 식구들이었다.[2)]

보켈 선교사의 회상기를 좀 더 살펴보기로 하자. 어린 시절의 성장배경이 그의 성격과 인성을 형성하는데 지대한 영향을 끼쳤으며, 그가 한반도에 파송을 나와 선교사로서의 삶을 살아가는데 꼭 필요한 뿌리와 자양분이 되었기 때문이다.

보켈 선교사 할아버지인 헐멘 구스타브 보켈은 직공장인(織工匠人)이었다. 한 분야의 전문 기능인들이 '미스터'라는 호칭 대신 '마이스터'라는 경칭으로 불리던 시절이다. 마이스터(장인: 匠人)라는 타이틀은 각 분야 직공들이 결성한 작은 세계('기능공 조합'이라 불린) 안에서 '정점의 기능인'이라는 확고한 지위를 획득했다는 뜻이다. 모든 직공조합(예를 들어 은세공 조합, 구두제조 조합)의 가입이 자유롭지 않고, 모든 기능이 도제교육으로만 이뤄지던 시절의 관습이다. 보켈 선교사 할머니는 귀족이 소유한 부동산을 관리하는 감독관의 딸이었다. 당시로서는 드문 맞벌이 가정이었기에 수입은 넉넉했다. 가족에게 불행히 닥치기 전까지 윌리엄 보켈가(家)의 모든 가족이 비교적 편안한 환경 속에서 살 수 있었던 이유다. 하지만, 보켈 선교사의 할아버지와 할머니의 이른 죽음은 이들 가족에게 안정적인 수입이 단절되었음을 뜻했다.

보켈 선교사의 아버지인 윌리엄 찰스 보켈은 1876년 4월 18일에 독일 튀링겐 지역의 웨이다(Weida)에서 태어났다. 7남매(6남1녀) 중 막내였다. 그가 태어났을 때 아버지가 52살, 어머니가 49살이었다니, 지금으로도 당시 기준으로도 엄청난 노산(老産) 이었다. 윌리엄 찰스 보켈의 어린 시절, 보켈 가족의 재정상태는 또 다른 의미에서 타격을 받는다. 직물을 짜는 가내 수공업이 기계식 공장으로 대체되고 있었기 때문이었다. 산업혁명의 거대한 물결이 장인(匠人)들의 세계로 밀려들어 온 것이다. 이러한 이유로, 숙모의 가족이 신대륙으로 이민할 때에 보켈 선교사 아버

---

2) 『헤롤드 보켈: 가족 선집』(2012), p. 12

지도 그들과 함께 미국 행 배에 몸을 실었다. 보켈 선교사 아버지인 찰스 보켈이 13살이었을 때 내린 결정이다. 대양 항해 중 느꼈던 불편함과 비참함은 그들이 가족사를 이야기할 때 언제나 반복되는 주제 가운데 하나였다. 그것은 편안한 뱃길이 아니었다. 대서양을 건너는데 대략 한 달이 걸렸고, 이민자의 대부분은 창문도 없는 바닥층 3층 선실의 승객이었다. 통계가 보여주듯 승객 가운데 약 10%가 항해 중, 그리고 미국에 도착한 직후 여독(旅毒)으로 사망하는 험난한 항해였다.

훗날 보켈 선교사의 아버지가 되는 13살 소년 찰스 보켈은 신대륙에 도착하자마자 생계를 위한 전선에 나서야 했다. 소년 노동이 당연시되던 시절이다. 직업을 구하느라 낭비할 젊음이 조금도 없었다는 것이 찰스 보켈의 회고담이다. 미국 사회와 미국 생활에 적응하기 위해, 최소한 1~2년의 교육을 받을 수 있었다면 그의 삶이 달라지지 않았을까. 1~2년은 고사하고, 적응에 필요한 최소한의 교육도 받지 못했다는 것은 그에게는 정말로 안타까운 일이었을 터이다.

소년 노동에 종사해야 했던 찰스 보켈의 10대를 비춰준 빛이 있었다. 그가 살던 지역 인근 장로교회의 친교 모임이었다. 장로교회는 독일 이주민들의 대규모 공동체였다. 찰스 보켈은 매주 예배에 참석하는 것을 좋아했다. 유능하고 인정 많은 목사님의 설교에 소년은 늘 감명 받았고, 부지런히 일해 성공한 다른 이민자 가족들을 보며 격려와 위안을 받았다.

찰스 보켈은 역시 독일 이민자의 후손인 루이사 클로즈를 만나 결혼하였다. 25살 무렵이다. 이때 루이사의 나이는 27살이었다. 미국에서 정규교육이라고는 거의 받지 못했지만, 보켈 선교사 아버지는 영어를 배우는데 천부적이었다. 단어들을 사랑했고 아는 어휘가 늘어나는 것에서 오는 풍족한 만족감을 즐기는 사람이었다. 그는 독일어와 영어 독서를 병행했다. 초기에는 독일작가 쉴러가 선호작가였고(괴테는 그에겐 너무 심오

했다) 나중에는 코난 도일과 라이더 하가드의 스릴러들이 그에게 특별한 기쁨을 안겨다 줬다고 한다.

보켈 선교사가 보기에, 자신의 아버지만큼 자기 가족에게 온전히 헌신한 이는 없었다. 다음은 보켈 선교사가 들려주는 찰스 보켈의 일기다.

> "아이들이 태어난 후 교회와 주말 교실을 제하고는 거의 모든 바깥 교제를 끊고, 모든 관심을 아내가 함께하는 가족에게 쏟아부었다."[3)]

보켈 선교사는 이러한 값진 유산과 부모님의 희생적 사랑, 헌신 그리고 가정 내의 끈끈한 유대감과 사랑에 감사하면서 하나님을 찬양하였다. 그가 부모님과 가족에 대해 어떻게 기술했는지를 알아보자.

> 아버지는 집에서 가장(家長)으로 군림하셨고 어머니는 순종적으로 아버지를 따랐지만, 아버지의 방식은 조금도 억압적이지 않았다. 아버지는 어머니와 우리들을 굉장히 사랑하셨고, 가족을 위해 모든 것을 희생하셨다. 우리는 이에 대해 깊고 지속적인 애정으로 응했다. 우리들은 아버지의 '명령'이 온전히 우리들이 잘 되기 위해서 내리신 것이라는 점을 본능적으로 알아차렸다. 우리는 아버지의 말씀이 언제나 현명하다고 판단했다. 비록 자신이 교육받을 기회를 잃었지만, 아버지는 끊임없이 교육의 필요성과 가치에 대해 우리에게 강조하시곤 했다.
>
> 아버지 뿐 아니라 어머니도 교육열이 대단한 분이셨다. 하지만, 초등학교와 중학교를 졸업한 후, 나는 고등학교 1학년 때 학업을 중단해야만 했다. 집안 형편이 어려웠기 때문이다. 나는 학교 대신 직장에 나가야 했다. 선택의 여지가 없었다. 절박한 사정이 있었기 때문이다. 아버지는

3) 앞의 책, p. 12

다음과 같이 적으셨다: "막대한 비용(어머니의 만성질환에 드는 치료비) 때문에 아들들이 고등학교를 그만두고 일을 해야만 했다. 아내는 자기 때문에 아들들이 학교를 그만두는 것을 비관했다. 교육은 미래를 위해, 성장을 위해 꼭 필요한 일이라고 생각했기 때문이다. 아내는 자기 때문에 아이들의 미래가 어두워질까봐 두려워했다. 아이들과 나는 아내의 두려움을 달래기 위해 우리가 할 수 있는 모든 일을 했다. 우리는 반드시 성공하리라 믿었고 아내에게도 늘 그 점을 반복해서 말하곤 했다."[4)]

정규교육을 거의 받지 못했고, 이민 직후인 13살 때부터 소년 노동에 종사해야 했던 찰스 보켈에게 아들들을 교육시키는 것은 평생의 로망이자 사명이었다. 그런데 그 꿈과 희망을 이어갈 수 없게 된 것이다. 고등학교를 중퇴한 보켈 선교사의 첫 번째 직장과 업무는 커디스 출판사의 '심부름꾼 소년'이었다. 서류와 원고 뭉치를 들고 건물 내를 오가며 다양한 부서에 전달하는 일이었다. 학업을 중단하고 취업전선에 나서며 어머니의 치료비를 보탰지만, 보켈 선교사에게 슬픈 일이 일어났다. 그가 15세가 되던 해, 보켈 선교사의 어머니 루이사가 47세의 나이로 영면(永眠)에 든 것이다. 보켈 선교사는 훗날 이렇게 떠나보낸 어머니에 대해 다음과 같이 추모와 기억의 글을 남겼다.

사랑했고 소중했던 내 어머니를 떠올릴 때마다 하나님께 감사한다. 만성적 지병이라는 끔찍한 결함을 지니고도 그녀는 힘찼고 빛이 났다. 가족 모두에게 도움을 주는 분이었고, 내가 아는 사람 중에 가장 인간적인 사람이었다. 나는 지금도 어머니의 행복에 잠긴 목소리를 듣는다. 내 귀에는 아침에 우리를 깨울 때 오늘 하루도 힘내라고 우리를 격려

4) 앞의 책, p. 12

하는 어머니의 목소리가 여전히 들리는 듯 하다. 어머니는 우리에게 학교의 중요성에 대해 늘 강조하셨지만, 정작 본인은 학교에 다닐 기회를 가질 수 없었다. 어머니가 학교에 다니고 싶어 하셨던 것은 확실하지만, 얼마나 다니셨는지, 그래도 초등학교는 졸업하셨는지는 알 수 없다. 이민자의 딸로 자라며 어머니는 움직일 수 있을 때부터 가사 일을 하며 가족들을 재정적으로 돕는 것을 본인의 의무로 여기셨다.[5)]

보켈 선교사에게 어머니의 상실은 너무나 견디기 힘든 일이었다. 하지만, 하나님이 어머니의 죽음이라는 시련 가운데 함께 하셨다. 보켈 선교사 가족 모두가 천천히 하지만 확실하게 슬픔에서 벗어나 일상생활로 돌아올 수 있도록 이끌어주신 것이다. 하나님은 그들에게 안나 웨일러 부인을 보내주셨다. 그녀는 기독교적 신념이 충만한 독일계 미국인이었다. 친절하며 동정심이 깊고, 열정이 넘치는 성향을 지닌 인물이었다. 보켈 선교사의 가족을 돕는데 최적격이었다는 뜻이다.

'청년' 보켈과 동생들은 안나 웨일러 부인을 따랐다. 그리고 아버지와 안나 부인의 결혼을 희망했다. 온 가족의 지지를 통해, 보켈 선교사의 아버지와 웨일러 부인은 1913년 12월 10일에 결혼식을 올렸다. 청년 보켈의 새어머니인 웨일러 부인은 모든 자녀들을 마치 본인이 낳은 것처럼 사랑하고 아꼈다. 너무나 헌신적이어서 주위 사람들이 모두 놀랄 정도였다. 새어머니로부터, 보켈 선교사는 돌아가신 어머니 못지않은 '어머니의 사랑'을 느꼈다.

20살이 되어 보켈 선교사가 택한 직업은 세일즈맨이었다. 판매 수익이 짭잘해 다소간의 수입이 생겼지만, 그는 내면에서 무언가 채워지지 않는 갈증을 느꼈다. 삶이 만족스럽지 않다고 생각했다. 무엇보다도, 더

---

5) 앞의 책, p. 14

교육을 받고 싶은 열망이 있었다.

21살 무렵, 청년 보켈의 인생의 대전환이 일어나는 사건이 발생했다. 하나님의 거룩한 손길이 필라델리아 지역의 존 로버트 마틴이란 사람에게 임하셨다. 존 로버트 마틴은 마비 장로교회 주일학교에서 청년들을 가르치는 교사였다. 존은 특별하거나 뚜렷해 보이는 사람은 아니었지만, 열정이 넘치는 사람이었다. 주님을 향한 투명하며 신앙 깊은 헌신을 보여 주는 교사였다. 그는 그렇게 공동체에 강력한 영향을 끼쳤다. 1919년 여름, 존은 보켈에게 '승리하는 삶을 살아가는 모임(Victorious Life Conference)'에 참석해보라고 권유했다. 스토니브룩에서 열리는, 청년들에게 영적 삶을 살아가도록 이끄는 행사였다. 주최자는 해리 스트레찬 목사였다. 그는 라틴계 미국인 선교단의 설립자로, 이 선교단은 훗날 보켈이 외국 선교 활동을 할 때 튼튼한 발판이 된다. 이 회의에 참가한 후, 보켈은 인생의 방향을 바꾸는 중요한 결정을 한다. 시카고의 무디 성경전문학교에 다니다 방학을 맞아 이 모임에 참석한 학생이 있었다. 이전에 보켈과 따뜻한 우정을 나누었던 친구였다. 몇 달 후 세일즈 업무 차 시카고에 출장을 갔을 때 보켈은 친구를 존경하게 됐고 그와 함께 무디 성경전문학교에 남기로 결심했다. 무디 성경전문학교를 처음 방문했을 무렵의 소회를 보켈 선교사는 다음과 같이 회상했다.

"무디 성경전문학교에서 나는 영적 기운이 내게 흘러들어오는 것을 느꼈다. 학교에서의 다양한 활동들을 통해 나에게 오시는 주님의 부름을 듣고, 나는 도저히 저항할 수 없었다. 주님의 말씀 속에서 나는 행복했고 기쁨에 가슴이 벅차올랐다. 열렬한 기도와 목도 속의 열의! 세일즈 일을 계속하면서 처음에는 저녁반에 등록했다. 수업을 들으면서 나는 그해 가을에 바로 일반 정규반으로 옮기리라 결심했다.

그곳에서의 하루하루는 얼마나 멋진 나날이었던지! 졸업 무렵엔 나를

1929년 5월 프린스턴 신학교 졸업

온전히 만족시킬 것 같은 직업을 발견했다. 정말로 가슴이 두근거리는 일이었다. 나는 주님이 나를 부르시는 그대로, 주님의 따라 나의 미래를 선택했다. 무디 성경전문학교에서 2년의 시간을 보낼 수 있었던 것에 대해 하나님께 감사드린다. 강의실에서의 수업, 가슴 따뜻한 학생들과의 교제, 그리고 길가 전도 미팅, 감옥 봉사, 다양한 교회 프로그램 참가 등 활동 하나하나가 나에게는 모두 실용적이고 풍족한 경험이었으며 기회였고 기쁨이었다."[6]

무디 성경전문학교에서 받은 축복이 하나 더 있다. 어쩌면 보켈 선교사의 일생에 있어 가장 커다란 축복일지도 모르는 사건이다. 거투르드 엘리자베스 스왈론(Gertrude Elizabeth Swallen)이라는 여성과의 만남이다. 그녀는 예뻤고 사랑스럽고 신실하며 헌신적인 데다 능력이 뛰어난 여성

6) 헤롤드 보켈: 가족 선집, 2012, p. 18

7) 거투르드 스왈론(Gertrude Swallen)은 윌리엄 스왈론(William. L. Swallen: 1865-1954) 선교사의 딸이다. 윌리엄 L. 스왈론은 한국의 초대선교사 중의 한명으로서 함경도 원산 명석동교회의 설립자이다. 한국이름은 소안론(蘇安論)이며 1892년 부인과 함께 우리나라에 도착했다. 복음전도사역과 함께 농촌경제 발전에도 공헌하였고, 안식년 후 미국에서 돌아올 때 사과나무 묘목을 가지고 와 사과를 전국에 보급한 것으로도 유명하다.

이었다. 그리고, 한국에서 온 사람이었다. 한국에 파송되었던 선교사의 딸로 원산(元山)에서 태어나고 자랐던 아가씨였다. 보켈은 학생 그룹 활동에서 스왈론[7]을 만나 첫눈에 반했다. 바로 데이트를 신청하고 진지하게 교제를 계속했다. 청년 보켈이 스왈론을 처음 만났을 때의 상황은 다음과 같다.

> "황금빛 햇살이 내리쪼이던 어느 토요일 오후, 학생 자원봉사 그룹의 모임을 할 때였다. 내 두 눈이 여학생들이 앉아있는 쪽으로 옮겨갔을 때 나는 막바로 매력적인 한 여성의 얼굴에 푹 빠져버렸다. 그 순간 내 마음속으로부터 영혼 깊이 울림을 들었다. 그녀와 삶을 함께할 수 있다면, 그 무엇도 더 바랄 것이 없겠다는 마음이었다. 나의 첫사랑이었고, 정말 첫눈에 반했다. 데이트가 이어지며, 나는 그녀의 행복하며 매력 있는 성격을 느꼈다. 그녀에 대한 나의 첫인상이 틀리지 않았음을 확인했기에, 나는 그녀에게 인생을 함께하고 싶다고 청혼했다." [8]

24살 무렵, 졸업이 가까워졌다. 하지만, 고등학교를 중퇴하여 수학연한(修學年限)이 부족하다는 점이 문제가 되었다. 보켈은 해외선교사 파송이 자신의 소명이라고 생각했다. 앞에서 그가 이야기한, '나를 온전히 만족시킬 것 같은 직업'이 바로 해외파송 선교사다. 선교 이사회는 보켈의 해외선교를 허락할 마음이 있었지만, 상급기관인 장로교 선교위원회는 보켈에 대해 우호적이지 않았다. 고등학교(3년), 대학(4년), 신학교(4년)를 정규적으로 이수하려면 전부 11년이 걸린다. 이 과정을 제대로 마치지 않으면 선교사로 해외에 파송되는 일은 불가능하다. 선교사는 3D 직종이다. 문화화 생활환경이 완전히 낯선 곳에서 24시간 생활하며 분투

8) 앞의 책, p. 18

해야 하는 직업이기 때문이다. 개인적으로도 많은 희생이 뒤따르는 일이지만, 파견하는 입장에서도 상당한 시간과 비용을 지불해야 한다. 적절하고 치열한 교육을 받지 않은 사람을 선뜻 이역만리에 보낼 수 없는 이유다.

여기서 주님의 놀라운 섭리와 도우심이 작동했다. 하나님은 보켈의 사정을 살펴 주셨다. 먼저 11년이 걸리는 이수 기간을 7년으로 줄여 주셨다. 보켈 선교사가 하나님의 도움으로 찾아낸 방법은 다음과 같다. 고등학교 학점은 여름학교(summer school)와 개인 공부(private study)로 보완해 장로교 선교위원회의 허락을 받았다. 대학과정은 2년 동안 일리노이주 페오리아에 있는 브래들리 대학을, 1년 동안 게일스버그에 있는 녹스 대학을, 또 1년을 사우스다코다 주에 있는 휴론대학을 다니며 학사학위를 받았다. 주님의 손길은 보켈 선교사를 프린스턴 대학으로도 이끄셨다. 그곳에서 보켈은 석사학위를 받을 수 있었다.

프린스턴 신학교에서의 마지막 2년 동안, 보켈 선교사는 뉴저지 압세컨(Absecon)에서 장로교 목사로 활동한다. 그리고 29세이던 1928년 8월, 뉴저지에서 거투르드 스왈론과 결혼했다. 참고삼아 이야기하자면, 1929년은 프린스턴신학대학원의 졸업생들이 가장 많았던 해였고, 경제공황으로 인해 미국인 대부분의 삶이 어려웠던 때였다. 경제적 어려움은 교회라고 예외가 아니었다. 재정적 어려움으로 인해, 교회는 더 이상 해외선교사들의 사역을 지원할 수 없었다. 기존에 파견했던 선교사들마저 미국으로 돌아와야만 하는 상황이었다. 장로교 해외 선교부가 보켈의 해외선교 지원요청을 들어줄 수 없었던 배경이다. 보켈의 선택은 재정적 문제를 일정 부분 스스로 해결하는 것이었다. 그는 3년간 페오리아 근처의 탄광촌인 일리노이주의 포츠타운(Pottstown)에 있는 장로교회에서 교육전도사(student pastor)로 봉직했다. 주민들의 사기는 말이 아니었고, 음주와 주정이 일상사처럼 반복되던 곳이다. 보켈 선교사의 헌신으로, 주일학교에 다녔던 그 곳의 수많은 청년들이 신실한 기독교인으로 거듭났다. 그들은 임종할 때까지 페오리아 지방에서 상당한 지위를 가지며 존경받는 기독교 평신도의 삶을 살았다. 이곳에서 일하던 당시, 보켈 선교사는 번하우스 목사로부터 도움을 받을 수 있었다. 번하우스 목사는 보켈이 필라델피아 텐스(Tenth) 장로교회의 지원을 받게끔 주선해 주었다. 이러한 과정을 거쳐, 마침내 프린스턴을 졸업한 한 달 뒤, 보켈은 드디어 해외선교길에 오를 수 있었다. 그가 파송되기를 원했던 곳이 있다. 한국이다. 1929년 2월, 30세 나이로 보켈은 아내와 함께 한반도에 처음으로 발을 디딘다. 앞에서도 말했지만, 그의 아내 스왈론은 원산에서 태어난, 선교사의 딸이다. 스왈론의 부모님은 여전히 한반도에서 선교사로 봉직하고 있었다. 덕분에, 보켈 선교사 부부는 한반도에 도착한 그날부터 장인 장모의 도움을 받을 수 있었다. 원산의 처가(妻家)가 그가 한반도에서의 첫 1년을 보낸 곳이다. 다른 선교사에 비해, 그가 처음부터 정서적 안정감을 느끼며 열정적으로 활동할 수 있었던 이유다. 한국에 도착한 직후의 상황을 그는 다음과 같이 회고했다.

> 한순간도, 한국에서 사는 내내 내가 먼지 한 톨만큼의 향수병도 결단코 느끼지 않았다고 말할 수 있는 것이 행복하다. 나는 처음부터 한국이 내집처럼 편안했다. 한국에 도착했을 때부터 집에 와있는 것 같았다.[9)]

9) 앞의 책, p. 20

II.

초기 한국에서의 사역

1930년 보켈 선교사 부부(옥호열, 옥귀철)는 원산을 떠나 경상북도 안동에 정착했다. 그들 부부는 크러처스(John Y, Crothers) 목사의 스태프로 일하기 시작했다. 크러처스 목사의 조그만 선교지가 그들의 일터였다. 그곳은 크러처스 목사 부부와 두 독신 여성들이 함께 거주하는 작고 동떨어진 주택이자 교회였다. 보켈 선교사 부부는 1940년 2차 세계대전이 발발해 미국으로 돌아갈 때까지 그곳에서 10년 이상 사역했다.

그곳에서 보켈 선교사가 한 일은 '작고 동떨어진 주택이자 교회'에 머물러 있는 것이 아니었다. 그는 봄과 가을에 주변 교회들을 방문했다. 경상도 지역 뿐 아니라 한반도 전역의 교회를 찾아가는 일이었다. 교통과 통신이 지금 같지 않던 시절이다. 도로 사정 또한 지금과 판이했다. 6.25 직후인 1950년대에 서울에서 대전까지 기차로 8시간이 걸렸다는 기록이 있다. 일제 때인 1930년대의 사정은 더 나빴을 것이다. 보켈은 대략 일 년에 100일을 집에서 떠나 있었다. 겨울에는 도로와 숙박 사정이 열악해 길을 떠나기가 쉽지 않았다. 보켈이 다닌 곳은 도시 지역이 아니라 시골과 산간벽지였기 때문이다. 그래서, 겨울에는 안동에 머물며 성경 학교(Bible Institute)에서 사람들을 가르쳤다. 한국인들과의 '소중하며 수많았던 교류'가 겨울밤을 환하게 밝히곤 했다. 보켈 선교사는 특별히 두 사람의 이름을 기억한다. 두 용감한 영혼들을 가르칠 특권을 가졌던 것은 자신의 영혼을 고무시킬 만한 일이었다고 회고한다. 두 사람의 이름은 이원영(Yi Won Young)과 전계운(Chun Kay Woon)이다. 두 남자는 2차 대전 초기 일본 경찰들의 잔인한 박해를 받고 죽음에 이를 때까지 신앙의 끈을 놓지 않았다. 전쟁 기간 중 일제(日帝)는 조선인들에게 일제에 대한 충성심을 증명하는 행위라며 신사참배(神社參拜)를 강요했다. 모든 학생과 주민과 직장인이 조직을 통해 신사에 동원되었고, 일제가 마련한 절차와 의식에 따라 행사에 참여해야 했다. 평양의 숭실전문학교는 일제가 신사참배를 강요하자 '우상숭배'를 할 수 없다며 자진 폐교를 하기도 했다. 1938년 3월의 일이다. 한반도 최초의 4년제 대학이던 숭실대학은 일단 그렇게 역사 속으로 사라졌다가 1954년 지금의 서울 상도동 자리에서 재개교했다. 3월 18일, 한국에서 유일하게 폐교기념일을 기억하고 기리는 학교가 된 역사적 배경이다. 평양 숭실 캠퍼스는 1945년 해방 이후 북조선 노동당 중앙당으로 사용되었고, 지금은 러시아 대사관과 평양 학생 소년궁전으로 불리는 건물이 들어서 있다. 1945년 해방 후에는 북조선 노동당 중앙당으로 쓰였고, 6·25이후 사회주의 도시건설 과정에서 건물들이 헐렸다.

안동 이주 직후인 1930년 2월 21일, 보켈 선교사 부부에게 새 가족이 생겼다. 첫째 딸 샐리(Sally)가 태어난 것이다. 안동에서 거주하는 10년 동안 보켈 선교사 부부는 세 아들 빌리, 잭, 그리고 테드(막내 할은 나중에 미국에서 태어남)를 얻는다. 가족이 늘어나는 것은 더할 나위 없는 기쁨이다. 하지만, 가족을 잃는 것은 견딜 수 없는 슬픔이다. 큰 아들 빌리는 생후 15개월 만에 하나님의 곁으로 갔다. 깊은 슬픔이 보켈 선교사의 가족을 덮쳤다. 슬픔과 충격이 깊었던 까닭이 있다. 얼마든지 빌리를 살릴 수 있

---

10) 맹장수술이라고도 불린다.

었는데도 떠나보내야 했기 때문이다. 보켈의 아내인 스왈론은 대구로 충수절제[10]를 받기 위해 실려 가 있었다. 엄마가 대구에서 입원해 있는 동안, 빌리는 아메바성 이질에 걸리고 말았던 것이다. 아무런 조치도 취할 수 없는 병이었다. 이질은 당시 가난한 안동을 휩쓴 풍토병이었다. 화장실에 다녀온 직후나 음식 조리 전에 비누로 손만 잘 씻어도 걸리지 않는 병이다. 깨끗한 물 자체가 부족했기에, 지금과는 환경이 너무나 달랐기에 15개월의 신생아 빌리는 속절없이 생명을 잃을 수 밖에 없었다. 열악한 수준의 위생 상태와 의료 조치가 아들의 죽음의 원인이었다는 확신이 보켈 부부의 슬픔을 한층 더 깊게 하였다. 한국에 오지 않았다면 아이를 먼저 떠나보내는 일은 없었을 것이라는 자책감이 들었을지도 모른다. 하지만 시간이 흐름에 따라, 보켈 부부는 하나님이 모든 것들을 주관하고 계시다는 것을 깨달았다. 믿음이 승리했다. 그들 부부는 처음 아이를 주셨던 주님께 빌리를 다시 선물로 보내드린 것이라고 마음을 정리했다. 옥호열과 스왈론의 첫아들 빌리는 지금 현재 경상북도 안동 금곡동 경안고등학교 초입에 있는 선교사 묘역에 잠들어 있다.[11]

1939년 12월 보켈 선교사 부부는 인생의 큰 전환이 될만한 경험을 했다. 남아프리카의 독일 개혁교회에서 알레타 제이콥스(Aletta Jacobsz) 선교사가 한반도를 찾았다. 그녀는 친구를 만나러 아시아로 건너왔다. 동양선교사회의 유니스 마라이스가 중국에서 사역 중이었고, 중국에서 해후한 두 선교사는 발걸음을 한반도로 옮겨 전도모임을 갖고자 했다. 1939년 여름, 두 여성 선교사들은 원산 해변으로 갔다. 원산 해변은 선교사들이 모임 장소로 사용하거나 매년 여름 성경 컨퍼런스가 개최되는 곳이었다. 제이콥즈 선교사는 몇 시간 동안 모임을 이끌었고 그녀의

---

11) 경안고등학교 본관 자리는 본래 동산이었다. 선교사들이 살던 큰집을 헐고 산을 깎아 학교를 지었고 학교 입구 양지바른 곳에 선교사 묘역이 있다. 미국인 선교사 로저 얼윈 목사, 동료 선교사였던 안대선(미국명 앤더슨)과 보켈 선교사 목사의 큰아들 빌리 보켈이 묻혀 있다.

메시지는 참석자 모두에게 매우 특별한 도움을 주었다. 참석자들의 요청으로, 그녀는 한 주 더 모임을 인도했다. 이 모임에 참석한 사람들로부터 요청을 받아, 보켈 선교사는 자신의 전도 여행에 대한 소책자를 발행했다. 한국의 선교사들 가운데 부흥이다. 그는 안동에서 일어난 축복들을 작은 것부터 상세하게 적었다. 이 책자를 통해 보켈 선교사가 말하려 했던 핵심은 두 가지다. 첫째, 성경 말씀들의 적용을 통해 그동안의 우리의 삶을 돌아보는 것. 그 결과로 우리의 죄를 부수고 깨트리는 처절한 고백. 둘째, 주님의 보혈을 통한 용서와 깨끗한 삶을 통해 얻게 되는 빛나는 기쁨이다. 보켈 선교사는 원산의 집회를 경험하기 전까지 '우리는 평생 기억할 날들과 주님이 용서해 주시는 영광의 경이를 모르고 있었다. 놀라운 영광이 거기 있었다. 영적 회복과 부흥의 진실이다'라고 썼다. 주님의 종으로서, 한반도에서 헌신하는 것에 대한 사명감과 기쁨이 원산 집회를 통해 몇 배로 늘어났다는 뜻이다. 하지만, 외부 상황이 그의 헌신을 허락하지 않았다. 미국과 일본 사이에 정치적 군사적 긴장 관계가 고조되면서, 일본과 일본 지배지역 내에 거주하는 미국인들의 안전문제가 대두되었다. 미국 정부의 권고에 따라, 보켈의 아내와 아이들은 1940년 가을 먼저 미국으로 돌아갔다.[12] 보켈 선교사는 1941년 일본의 진주만 공습이 있기 몇 개월 전 여름휴가 차 미국으로 돌아갔다. 늘 한반도에 다시 올 수 있기를 희망했지만, 보켈 가족은 5년이 지나서야 안동 '우리집'으로 돌아올 수 있었다.

이 당시의 상황은 이상규 교수의 글에 잘 나타나 있다.[13]

해방 이전까지 선교사 총수는 1500여명에 달했다. 이중 장로교 선교사

12) 보켈 선교사의 장인으로 1892년 11월 한국에 왔던 윌리엄 L. 스왈론 목사는 8년 전인 1932년 조선(한국) 선교를 마감하고 미국으로 귀국하였다.

13) 이상규 교수의 새롭게 읽는 한국교회사(국민일보) http://m.kmib.co.kr/view.asp?arcid=0006290621

는 690명으로 전체 선교사의 45%를 차지했다. 감리교는 430여 명으로 28%, 구세군이 125명으로 8%였다. 그러나 1930년대 말부터 선교사 수는 서서히 줄었다. 전운(戰雲)이 감돌기 시작하자 휴가 혹은 안식년이란 이름으로 선교사들은 한국을 떠났고, 40년 이후에는 파송되는 선교사가 없었다. 한국교회에 대한 일제의 탄압 또한 강화됐다. 설교 내용을 감시하고 일부 찬송가를 금지하는 등 목회가 제한을 받으면서 외국 선교부는 더이상 한국에서 활동할 수 없다고 판단했다.

주한 미국 총영사 마취(G March)는 자국민의 철수를 권고했고, 40년 11월 16일에는 미국 정부가 특별히 준비한 마리포사(S S Mariposa)호로 미국인 선교사와 자녀들 219명이 한국을 떠났다. 그해 말에는 이미 90%의 외국 선교사들이 한국을 떠났다. 끝까지 남아 있던 선교사들은 일제에 의해 추방되기도 했고, '적성국 국민교환'이라는 이름으로 가택 연금되었다가 42년 6월 이후에야 추방형식으로 본국으로 귀환할 수 있었다. 주한 선교사들의 활동은 중단됐고 평양외국인 학교와 같은 부속기관도 40년 11월 이후 폐쇄됐다.

한국으로 돌아오기까지의 5년을 보켈 선교사의 가족은 어떻게 지냈을까? 1941년부터 1년 동안 보켈 선교사와 가족은 미국 펜실베니아의 헌팅돈에서 살았다. 보켈은 순회 목사로 일했다. 한반도 전역을 누비며 1년에 100일 이상을 돌아다니던 직업병(?)은 미국에서라고 예외가 아니었다. 2차 대전이 치열해지면서 보켈 선교사는 새로운 임무를 받았다. 일본 사람들이 많이 거주하고 있는 서부 해안에서 군종 목사로 일하게 된 것이다. 저간의 사정은 이러하다. 보켈 선교사는 군목에 지원했지만 임용절차를 기다리는 동안 전세가 급변하기 시작했다. 군목들을 해외로 파송하기가 거의 불가능 했다는 뜻이다. 그래서, 보켈 선교사의 첫 발령지는 해외가 아니라 텍사스의 세파드 지역(Sheppard field)의 공군 부대였다. 6개월 후 그는 LA로 이동하였고 그곳에서 3년간 일할 수 있었다. 보켈 선교사는 훗날 이 당시의 일을 회고하며 '하나님의 은혜'였다고 말했다. 그의 가족은 이곳에서 모든 가구가 갖춰진 집(furnished house)을 적절한 가격에 마련할 수 있었다. 보켈의 가족은 LA의 버몬트 교회에 출석했다. 빠르게 부흥하는 교회 중의 하나였다. 어린 시절을 안동에서 보낸 보켈 선교사의 아이들에게, 버몬트 교회의 훌륭한 학교는 그들이 '미국 생활에 적응'하는데 커다란 도움을 주었다. LA에서 보켈 선교사는 공군에 배속되었고, 샌디에고에서부터 산타바바라까지 퍼져있는 서부 지역의 교회들을 순회하는 것이 그의 임무였다. 그는 그곳에서 영적 삶을 성숙시킬 수 있는 다양한 모임에 참석했고, 교회들은 그에게 수많은 신도들 앞에서 설교할 수 있는 기회를 제공하였다.

1945년 8월 15일, 일본의 무조건 항복으로 2차 대전이 끝났다. 보켈 가족에게는 돌아가야 할 곳이 있었다. 한국의 안동이다. 그들은 곧바로 한국에 가기를 원했지만, 1946년 11월이 되어서야 미 군정청(軍政廳)의 승인이 떨어졌다. 가족 전체가 아니라, 보켈 선교사만 단독으로 부임하는 조건이었다. 보켈은 2차 세계대전이 끝난 후 한국으로 돌아가는 것이 허락된 선교사 중 가장 먼저 부임한 이들 가운데 하나다. 그를 포함해 10명의 선교사가 다시 한국으로 돌아왔다. 한국으로 돌아간다는 것은 보켈 선교사에게 커다란 기쁨이었다.

1945년 8월 15일부터 6.25 전까지의 3년 남짓한 기간, '해방 공간'으로 불리는 시기의 상황과 선교사들의 움직임에 대해서는 다시 이상규 교수의 글을 인용한다.[14)]

이후 해방이 돼 선교사들이 귀환하기 시작하면서 선교 사업이 재개된

14) 이상규 교수의 새롭게 읽는 한국교회사(국민일보) http://m.kmib.co.kr/view.asp?arcid=0006290621

다. 45년 9월 남한에 진주한 미군 사령관 하지 중장은 그해 11월 미국 정부에 선교사들의 귀환을 청원했다. 미 국무부는 한국으로 갈 수 있는 운송수단 제공을 약속했다. 혼란한 해방 공간에서 미 군정을 지원해줄 인물이 필요했기 때문이다. 해방 후 내한한 첫 선교사는 연희전문학교 교장을 역임했던 장로교의 언더우드(H H Underwood)였다. 그는 45년 10월 26일 입국했다. 이듬해 1월에는 미국 감리교 선교사이자 연희전문학교에서 교육학을 가르쳤던 제임스 피셔(James E Fisher)가 입국했다. 이들은 선교사 신분을 유지하면서도 미 군정청의 인사와 교육부분 자문관이었다. 또 같은 시기에 남장로교의 의사 윌슨(Dr R M Wilson)이 미국 정부의 초청으로 입국해 동행했던 감리교의 아펜젤러(H D Appenzeller)와 함께 2월부터 미 군정청에서 일했다. 해방 전 서울에서 활동했던 윌리엄 커(William Kerr) 또한 미 군정청 관리로 비슷한 시기에 입국했다.

이들을 통해 한국에서 외국 선교사들의 존재 가치는 확인됐다. 효과적인 군정을 위해서는 한국의 역사와 문화, 언어와 풍습을 이해하는 선교사들의 도움이 절실했기 때문이었다. 이런 맥락에서 하지 중장은 선교사들의 귀환을 요청하였던 것이다. 미국의 해외선교단체들로 구성된 '해외선교대회한국위원회'(The Korea Committee of the Foreign Mission Conference)는 45년 10월 15일 회합에서 한국선교를 재개하기로 공식적으로 합의했다. 46년 4월에는 처치 월드 서비스(Church World Service)를 대표하여 빌링스(B W Billings) 박사가 내한했다. 곧 이어 감리교의 벡커(A L Becker), 젠슨(A K Jensen), 스나이더(L H Snyder)가 장로교 및 다른 선교단체 대표와 함께 그해 여름에 입국했다. 11월에는 미국의 앤더슨(L P Anderson), 브란넌(L C Brannon), 아멘트(C C Amendt), 사워(C A Sauer)가 입국했다. 또 북장로교 선교사들인 플레쳐(A G Fletcher), 코엔(R C Coen), 램프(H W Lampe), 아담스(E A Adams), 보켈(H Voelkel), 로즈(H A Rhodes), 블렝(W N Blair) 등이 1946년 내한하여 북장로교 한국선교부를 재건했다.

남장로교의 경우 46년 1월 미국 정부의 초청으로 들어온 윌슨 의사를 시작으로 린튼(W A Linton), 커밍(D J Cumming), 하퍼(J Harper) 등이 입국했다. 이들을 중심으로 미국 남장로교 한국선교부가 재건됐다. 남장로교의 경우 48년까지 이전에 한국에서 활동했던 17명의 선교사들이 내한하여 선교에 동참했다. 49년까지 총 29명의 남장로교 선교사들이 입국했다. 캐나다연합교회 선교사 윌리엄 스캇(W Scott)과 프레이저(E J Fraser)도 46년 여름 입국하여 이전의 선교 사업을 계승하였다. 곧 여의사 프로렌스 머레이(F Murra)를 포함한 세 사람의 여선교사가 다음해 여름 미군이 제공한 수송수단을 통해 입국했다. 부산·경남지방에서 일했던 호주선교사들도 내한을 준비했다. 해방 후 첫 두 선교사, 곧 조지 앤더슨(G. Anderson)과 헤롤드 레인(H Lane)이 46년 10월 한국으로 돌아왔다. 얼마 후 앤더슨은 본국으로 돌아갔다 52년 다시 왔다. 47년 5월에 던(E W Dunn), 레가트(D F Leggatt), 위더스(M Withers), 커닝햄(F W Cunningham)이 내한하기까지 6개월 간 레인은 한국에서의 유일한 호주장로교 소속 선교사였다. 한국전쟁이 발발하기까지 이 5명의 선교사들이 한국에서 일했다. 그 외에도 구세군, 성공회, 침례교, 성결교 선교사들이 내한하여 선교 사업을 재개했다. 이들은 해방 후 한국교회 형성에 기여하였다.

1945년 8월 15일 이후 미군은 한반도 남쪽에서 군정(軍政)을 실시했다. 북쪽에는 소련군이 진주했다. 일본의 압제로부터 한국을 해방한 미군은 38선 이남 전역에 배치되었다. 안동으로 돌아온 보켈 선교사는 자신의 집에서 미군들과 함께 머무르게 되었다. 이 시절을 회상하며 보켈 선교사는 '군인들과 민간인들이 우리 집에서 우리의 가구와 물품을 함부로 다루며 지내는 것에 대해 마음이 불편했다'고 했다. 전쟁이 막 끝난 직후의 상황이다. 군인들은 수단 방법을 가리지 않고 전투와 전쟁에서 승리해야 한다. 그것이 군인의 임무다. 전쟁에서 지면 나라가 없어진다. 보켈 선교사는 '모든 것을 아끼고 절약하는' 가정에서 자랐다. 해방된 한국에 평생토록 머무르며 이 땅을 복음이 충만한 나라로 만드는 것이 그의 목표였다. 보켈 선교사가 마음이 불편했던 이유는 미래에 대한 다른 관점과 사고방식, 그리고 판이한 생활 습관을 가졌던 사람들이 한 공간에 거주했기 때문이다. 둘 다 정당했기에 해결책도 없었다. 그는 안동지역의 외로운 선교사였다.

하지만, 종교적 헌신은 그를 기쁘게 했다. 한국에 도착하자마자 산더미같은 일이 그를 기다리고 있었다. 이 기간 동안(그가 한국에 도착한 1946년 11월부터 2년 동안) 그와 다른 선교사들이 구체적으로 어떻게 활동했는지에 대해 보켈 선교사는 다음과 같이 증언했다.

> 1945년 8월 15일 미군이 한국에 들어왔고 1년 후 10명의 선교사들이 한국에 들어왔다. 나는 그중의 한 명이었다. 한국에 다시 돌아와 내가 발견한 것은 '변화와 부패'였다. 1910년 이후, 그러니까 일본이 한반도를 점령해 식민지로 삼은 이후 1945년까지 한국경제는 폐허 상태였다. 일제(日帝) 때는 모든 공산품, 옷, 가재도구 등이 일본으로부터 왔지만, 해방 이후는 모든 것이 끊겼다. 사람들은 영양 상태가 좋지 않았고, 의복도 남루하였다. 일본으로부터의 해방은 더할 나위 없는 기쁨이었지만, 다른 한편으로는 미래에 대한 불안과 당혹감을 동반했다. 한국에 도착한 지 얼마 지나지 않아 나는 2차 세계대전이 발발하기 이전, 12년 동안 살고 있었던 집으로 돌아갔다. 경상북도 안동의 사역지였다.
>
> 우리 10명의 선교사들은 서울의 4개의 지회에 흩어져 교회 상황에 관한 정확한 사실을 알기 위해 조사를 했다. 핵심 포인트는 다음 세 가지였다. 교회 지도자들은 어디에서 어떻게 살고 있는가? 얼마나 많은 교회가 살아남았고 교회의 상태는 어떤가? 기독교 학교와 병원들은 어떻게 되었는가? 조사 초기에는 이동수단이 마땅치 않았다. 말 그대로 활용할 수 있는

수단이 없었다. 그래서 미군 트럭을 활용하였다. 나중에 미군은 지프차 등 몇 대의 자동차를 우리에게 팔았다. 부지런히 발품을 팔며 조사한 결과와 안동 옆 지역인 의성(義城)에서 온 목사가 내게 준 정보로부터 저간의 사정을 비교적 정확하게 파악할 수 있었다. 그 정보는 일본 군국주의(軍國主義)에 의해 복음의 문이 어디서 어떻게 닫혔는지를 보여주는 지도와 같았다. 진주만 공습 이전에 의성에는 15개의 교파(congregation)가 세운 교회들이 있었다. 1945년 8월 당시에는 이 가운데 단 하나만 남아있었다. 신토이즘에 야합한 목사들은 교단을 떠났고 예배당은 거의 없어졌으며 교회터는 팔린 상태였다. 기독교는 거의 폐허가 되었고 교회의 문들은 닫혀 있었다.

정말 문이 닫힌 것일까? 만약 10년 전에 닫힌 것이라 해도 전쟁이 끝날 때까지 계속 닫혀있었던 것일까? 앞으로 문을 다시 열려면 우리는 무엇을 어떻게 어디서부터 시작해야 하는가? 해결책을 찾는 일은 간단하지 않았다. 다음과 같은 문제점 때문이었다. 첫째, 일본의 패배로 경제가 완전히 붕괴했다. 화폐 경제가 제대로 작동하지 않았다. 설사 돈이 있다 하더라도 살 물건들이 없었다. 건축자재는 물론이고 생필품조차 절대 부족했다. 우리에게는 달러가 있었지만, 달러를 한국지폐로 바꾸는 것은 불가능하였다. 미국의 선교위원회에서 전쟁 후의 필요를 대비해 여러 가지 준비를 했지만, 달러를 환전하여 한국 돈으로 바꿀 수 없으니 현지에서 할 수 있는 일이 없었던 것이다. 말하자면, 우리 일행이 한국교회를 위해 돈 1불도 줄 수 없는 상황이었다.

해방 이후 교회의 부흥은, 전국 전체를 볼 때 의성만큼이나 감동적이지는 못했지만, 재건된 패턴은 동일하였다. 교회들은 지하, 동굴, 숨겨진 장소로부터 일어났다. 전도의 문이 다시 한번 활짝 열렸다. 선교사들이 들어왔으며 학교, 병원, 신학교들이 다시 문을 열고 최대한 가동되었다.

하나님의 신비한 섭리 가운데 많은 목사님들과 교회 지도자들이 38

선 남쪽으로 내려왔다. 소련의 북한지역 점령으로 인해 교세가 상대적으로 연약한 남부지역으로 이동하게 된 것이다. 무일푼으로 사선(死線)을 넘은 집 없는 북한의 피난민들은 음식과 쉼터를 찾아 끊임없이 옮겨 다녔지만, 가는 곳마다 예수와 신앙을 가지고 남쪽의 그리스도인을 격려하고 신앙심을 튼튼하게 만드는 역할을 했다. 그들 덕분에, 하루에 평균 한 명씩 전도가 되었다.

그 무렵, 우리 선교사들이 전도 이외에 수행했던 또다른 일도 있다. 어쩌면 이 편이 보다 급했고 중요한 일이었는지도 모른다. 우리는 전국 전역을 돌며 생필품을 나눠 주었다. 그것은 행복한 시간이었다. 사람들은 트럭이 가는 길에 몰려들었다. 우리 선교사들은 새벽부터 밤늦게까지 가난하고 궁핍한 사람들에게 글자 그대로 둘러싸여 있었다. 돌봐야 하는 사람들이 너무 많았다. 하지만, 우리가 직접 식량과 물품을 나눠주는 일에는 한계가 있었다. 좀 더 조직적이고 체계적으로 일을 할 필요가 있었다. 어쩔 수 없이, 우리들은 지역교회 내에 위원회를 설치하였다. 완충제 역할을 수행하며, 지원이 필요한 사람들에게 의류와 음식 등을 나누어주는 기구였다.[15)]

보켈 선교사는 그렇게 2년 동안을 한국에서 보냈다. 1946년 11월부터 1948년 10월까지의 숨 가쁜 시절이었다. 북한의 거부로 1948년 5월 30일 북한의석 100석을 남겨둔 채 UN 감시 하에 한반도 남쪽에서만 사상 최초의 총선거가 실시되었다. 그리고 3개월 후인 1948년 8월 15일 대한민국 정부가 수립되었다. 대한민국 건국 후 3개월이 지나 보켈 선교사는 휴가를 받았다. 미국의 가족은 캘리포니아 버클리에 있는 선교사 아파트에 살고 있었다. 보켈은 2년 만에 가족들과 얼굴을 마주할 수 있었

15) 해롤드 보켈, 2012, pp. 23-24

다. 휴가 기간 내내 보켈 선교사와 그의 가족은 '돌아가야 할 곳'으로 모두가 속히 가고 싶다고 생각했다. 주님이 그들의 기도를 들어주셨다.

휴가를 마치고, 보켈 선교사 일가족은 한국으로 돌아왔다. 1949년 가을이었다. 한국으로 부임하면서, 그들은 미국에서 새로운 가구들도 함께 가지고 왔다. 한국에 도착한 뒤 얼마 지나지 않아, 보켈은 안동 지부에서 서울 지부로 발령을 받았다. 새로운 임무는 피어슨 성경 학교(Pierson Bible Institute) 교사였다. 그러나 하나님은 그의 가족에게 '가구(家具)와 함께하는 삶'을 허락하지 않으셨다. 한국으로 돌아온 지 1년도 채 지나지 않아 그의 가족을 포함한 모든 선교사 가족은 일본으로 피난해야만 했다. 북한 공산주의자들의 침략 때문이다. 1950년 6월 25일 일요일 새벽, 북한은 한국을 기습 남침했다. 3년간 이어지는 한국전쟁의 서막이다. 보켈 가족은 모든 집안 용품을 두 번째로 잃어버리게 되었다. 첫 번째는 일본이 진주만을 공습하던 때였다. 두 번째는 북한이 한국을 침공하던 때였다. 첫 번째는 일본인들이, 두 번째는 공산주의자들이 보켈 가족의 가구들을 앗아간 것이다.

1949년 한국에서의 보켈 선교사 가족

III.

한국전 전후에서의 사역[16)]

1. 한국전쟁 이전의 기독교와 미국

보켈 선교사는 해방공간의 군정(軍政)과 정부수립 과정을 지근거리에서 지켜 보았다. 그의 눈으로 볼 때, 한국에서는 종교와 정치가 서로 긴밀하게 얽혀 있었다. 전통적인 종교가 정치적 힘을 잃어가고 있는 반면에, 기독교는 이승만 대통령이 집권한 후에 세력을 키워가고 있었다. 기독교인들은 이승만 정권과 밀접하게 관련을 맺고 있었으며, 국회와 정부에서도 활발하게 활동했다. 1950년 5월까지, 이승만의 내각 구성원 중 약 절반이 기독교도였고 새로 선출된 210명의 국회의원 중 40명 정도가 기독교인이었다. 국회 부의장은 장로회 출신이었다. 서울 시장, 그리고 여덟 명의 도지사 중 3명도 기독교도였다(Voelkel, 1953).

1950년 3월, 한국기독교교회협의회(Korean National Council of Churches: KNCC)가 후원하는 개신교 교회들이 전국적인 복음 전도 활동을 벌였다. '전도 대운동(Save the Nation Evangelistic Crusade)'이란 제목의 거국적

16) 3장은 Haga, K. Y. A. (2007. Ph. D Dissertation, College of William and Mary)의 박사학위 논문을 중심으로 재구성하여 정리 하였다.

캠페인이었다. 이 운동을 위해 초교파 준비위원회가 결성되었고, 보켈(Harold Voelkel) 선교사와 캠프(Otto De Camp)선교사가 적극적으로 참여했다. 이러한 선교운동은 한국 내 도시를 순회하며 펼치는 복음주의 운동으로서, 빌리 그레이엄 목사의 영향을 받아 일어난 것이다. 선교운동의 롤모델이 바로 빌리 그레이엄 목사였다. 복음 전도 캠페인이 열린 도시들은 한국에서 인구가 가장 많은 지역이었다. 기독교인이 가장 많은 대구, 서울, 인천은 물론, 부산, 대전, 개성에서도 집회가 열렸다. 지금은 북한에 속하는 개성은 6·25 전까지는 대한민국 영토였다. 순회일정에는 한국의 주요 정치, 경제, 전략적 지역이 모두 포함되었다. 한국 전역에서 집회를 열 수 있도록 철저하게 준비하고, 곳곳을 다니며 행사를 진행한 것은 어쩌면 주님의 섭리인지도 모른다. 1950년 6월에 전쟁이 터졌기 때문이다. 한국전쟁(1950.6~1953.7) 동안, 부산을 제외한 전국의 모든 도시들은 대부분 완전히 파괴되었다. 그들 지역에 살던 대다수의 주민들은 난민이 되었다.

캠페인의 하이라이트는 질 도드(Rev. Gill Dodds), 밥 핀들리(Rev. Bob Findley), 밥 피어스(Rev. Bob Pierce) 등 태평양을 건너온 3명의 젊은 미국인 목사들이 참여한 것이다(Haga, 2007). 그들은 한국전쟁이 발발하기 몇 주 전인 1950년 4월부터 전쟁이 일어나기 직전인 5월 말까지 모두 9주 동안 한국에 머물렀다(Graham & Lockerbie, 1983). '선교운동(crusade)'은 어떤 의미에서 보자면 공산주의자들과 정면에서 맞붙은 전면전(全面戰)이었다. 선교의 주 대상이 한국의 고등학생과 대학생들이었기 때문이다. 그들은 공산주의자들이 가장 중요하게 생각한 선전선동 대상이었다. 전쟁이 일어나기 전부터 공산주의자들은 한국 내 학교에 지하조직을 구축했다. 북한으로부터 돈과 지령을 받아 실질적인 군중동원력을 가지고 체계적으로 움직이는 조직이었다. 같은 대상을 놓고, 미국의 젊은 목사들과 공산주의자들이 그렇게 맞섰던 것이다. 평화로운 시절의 이야기가 아니다. 전쟁이 터지기 전에도 거리에서 테러와 폭력이 난무하던 시절이다. 2차 대전도 아직 사람들의 삶에 깊은 흔적을 남기고 있었다. 한국의 젊은이들은 삶과 죽음을 일상의 한 부분으로 마주한 상태에서 선교사들의 강연을 듣고 동시에 공산주의자들의 선전선동에도 노출되었다. 선교사들은 미션스쿨이 아닌 일반 학교에서도 초청을 받아 강연을 하며 복음을 전파했다. 학교에서는 젊은이들 사이에서 좌익 활동이 번지는 것을 우려했다. 비 미션스쿨에서도 종교적 가르침을 장려한 이유다. 초기 선교사들의 희생과 헌신 덕분에, 20세기 초부터 한국 교육자들 사이에서 기독교는 긍정적인 평판을 획득할 수 있었다. 한국 민족주의와 전후(戰後)의 반공주의에 이르기까지, 기독교는 상당한 영향을 끼쳤다. 비록 대다수의 한국인들이 기독교인은 아니었지만, 그들 대부분은 기독교를 존경했고 기독교 사상을 받아들였다.

밥 피어스 목사는 한국전쟁 기간 내내 태평양을 가로지르며 한국과 미국을 오가는 주요한 종교적 인물이 됐다. 그는 미국인들이 한국에 대한 인식을 갖는데 꼭 필요한 중요한 정보들을 부지런히 날랐다. 미국인들은 당시 한국에 대해 아는 것이 거의 없었다. 한국전쟁 이후 미국인 사이에서 형성된 한국에 대한 이미지는, 상당 부분이 밥 피어스 목사를 통해 이루어진 것이다. 한국을 위해 헌신한 또 다른 핵심 인물이 있다. 덜레스(John Foster Dulles) 상원의원이다. 카톨릭 신자였던 장면 주미 한국대사(張勉: 1899~1966, 초대 주미대사를 거쳐 부통령(1956), 내각제 총리(1960) 등을 역임)는 덜레스를 주목했다. 그가 남한에 (군사)장비를 공급하도록 트루먼 정부를 설득할 수 있는 핵심 인물이라고 생각했던 것이다. 장 대사는 정관계 전반에 걸친 덜레스의 광범위한 영향력을 높이 평가했다. 그리고 그가 공화당의 외교 정책 전문가지만, 동아시아에서의 전후 재건을 위한 초당적인 접근을 추구하기 위해 민주당과 기꺼이 협력할 인물이라는 것을 알았다. 덜레스가 일본과 평화 조약을 협상하기 위한 한국 특사로 임명되었다는 소식을 듣고, 장 대사는 그와 접촉했다. (역자 첨가: 남북 분단은 어떤 면에서는 이념전의 결과물이었고, 그렇다면 이 전쟁은 서구 기독교 세계와 사이비 종교인 공산주의 사이의 종교적 정치적 군사적 대결이라는 인식이 미국 사회에 퍼져 있었다.) 덜레스의 방한이 전쟁의 종교적인 측면에 어떤 영향을 미칠 것인지를 알아보는 것이 중요했고, 그렇다면 덜레스의 정치적 종교적 배경을 먼저 알아보아야 했기 때문이다(Haga, 2007).

2차 대전을 전후한 1940년대 내내, 덜레스는 미국 연방교회협의회(Federal Council of Churches of Christ: FCCC) 및 장로교회와 밀접한 관계를 맺고 있었다. 그의 가정은 모두 신실한 기독교 출신이었다. 그의 아버지 알렌 덜레스는 장로교회 목사였다. 아버지와 할아버지의 영향 하에 성장하면서, 덜레스는 자유주의적인 종교적 신념과 이를 전파하는 미국의 사명을 내면화했다. 전통적인 미국의 예외주의(exceptionalism)도 그의 세계관을 형성했다(Immerman, 1999). 변호사로 성공하며 정치와 비즈니스에서 모두 두각을 나타낸 덜레스는 공화당 내에서 빠르게 입지를 다져 나갔다. 독실한 장로교도라는 사실도 그의 출세에 큰 도움을 주었다.

한국에서 활동하던 미국 선교사들은 워싱턴에서의 덜레스의 영향력과 그의 신앙심을 간과하지 않았다. 선교사들은 덜레스에게 한국 기독교의 활력과 한국전쟁의 정신적 특성에 대해 긍정적 인상을 심어 주고자 최선을 다했다. 그렇게 할 수만 있다면, 덜레스가 미국 행정부 내에서 한국과 한국 기독교에 가장 좋은 친구가 될 것이라는 점을 이해했기 때문이다. 덜레스가 한국에 오고 있다는 소식을 접하고, 서울에 있는 장로교회 선교사들은 그를 특별한 리셉션에 초청했다. 장로회의 일원으로서 덜레스는 이 초대를 기꺼이 받아들였다.

덜레스는 도쿄에서 서울로 가는 비행기를 타기 전 장로교 해외선교위원회 해외담당자(Foreign Secretary of the Presbyterian Board of Foreign Mission) 존 스미스(Dr. John C. Smith) 목사를 만났다. 존 스미스 목사는 북한 장로교 선교회에 참석하고 막 한국을 떠나 일본에 온 상태였다. 한국에 관한 한, '가장 최근'의 정보와 경험을 가진 인물이었던 것이다. 덜레스가 도쿄에 머무르는 동안, 한국에서 사역 중이던 선교사들은 덜레스와의 만찬 세부계획을 조직했다. 그것은 선교사들과 장로회 임원들에게 다시 없는 최상의 기회였기 때문이다. 덜레스와 저녁을 함께하며, 그들은 한국에 대한 지원의 필요성을 호소하고, 한국 교회의 역사를 이야기하며, 한국이 기독교인의 미래를 보여 나라라는 점을 강조했다. 선교사들은 덜레스의 방한 직전에 있었던 밥 피어스 목사의 복음 전도 운동이 얼마나 성공적이었는지, 한국 정부 내에서 기독교적 영향력이 어느 정도인지에 대해 상세하게 보고했다. 만찬이 끝난 후, 선교사들은 덜레스에게 서울에 있는 '영락교회'를 방문하자고 제안했다. 북한 피난민들을 위해 한경직 목사가 설립한 유명한 교회였다(Voelkel, 1953). 1945년 공산주의를 피해 월남한 27명의 성도들이 세운 영락교회는 서울의 수백 개의 교회 중 가장 크고 가장 아름다운 피난민 교회였다. 선교사들이 덜레스에게 영락교회를 보여준 이유가 있다. 한국 기독교인들이 종교적 자유를 위해 이토록 열심이라는 사실을 보여주고 싶어서였다. 다시 말하면, 한국 교회가 미국정부와 미국국민의 지지를 받을 충분한 자격이 있다고 어필하기 위해서였다.

6월 19일 한국 국회에서 연설할 때, 덜레스는 "38선을 보았으며 한국군과 만났고 정부 관리, 교육자, 경제학자들과 대화를 나누었다"고 말했다. 그리고 북한 난민들과 기도를 나눈 경위에 대하여 설명했다. 그는 자신이 이 모든 일들로부터 감명을 받았다고 털어놓으면서, "세계의 평화와 정의를 위한 가치 있는 동맹국"을 찾았다고 말했다. 그는 "한국 국민들이 '인간의 자유'라는 위대한 가치를 지키는 행동을 하는 한, 공산주의자들에 홀로 맞서는 일은 없을 것"이라고 확언했다. 한국에서 5일을 보낸 후, 덜레스는 1950년 6월 22일 일본으로 떠났다. 전쟁 발발 불과 3일 전의 일이다(Haga, 2007).

비록 덜레스의 방문은 짧았고, 그의 말과 개인적인 신념이 미국 정부의 공식적인 입장은 아니었지만, 그가 말한 "당신들은 혼자가 아닙니다(You are not alone)"라는 말은 커다란 울림을 불러왔다. 수많은 한국인들 사이에서, 한국에 대한 미국의 보호와 지지가 있을 것이라는 기대가 퍼져나갔다.

덜레스의 한국 방문은 한국 문제에 대한 그의 관점을 근본적으로 변화시켰다. 개인적인 차원의 발언이었지만, 그는 군사적으로 한국을 지키겠다는 약속을 한 셈이다. 향후 덜레스는 한국을 지켜야 한다는 확고한 입장을 시종일관 견지했다. 그의 견해는 한국 보호 정책을 옹호하는 미 국무부의 결정적인 목소리가 되었다. 1주일간의 서울 체류는 그에게 한국의 사정에 대한 새로운 시각을 갖게 만들었을 터이다. 이것은 '대한민국의 운명을 바꾼 1주일' 인지도 모른다. 한국에 오기 전부터 그가 한국에 동정적이었던 것은 사실이지만, 미국 선교사들과 한국 교회 지도자들의 영향으로 덜레스가 한국전쟁을 종교적인 관점에서 해석하기 시작한 것 또한 움직일 수 없는 사실이기 때문이다. 델레스가 왜 한국을 끝까지 지키고자 했는지를 이보다 더 잘 설명할 수는 없다.

이러한 상황들에 대해 보켈 선교사는 다음과 같은 글을 남겼다.

> 한반도를 인위적으로 이등분한 러시아의 배신으로 인하여, 남한에서 대한민국이 수립되었다. 신생 대한민국은 이승만 대통령을 포함, 내각의 많은 장관들이 기독교인이었다. 몇몇 목사들이 도지사가 되었으며 국회의원으로 선출되기도 했다.
>
> 그러나 교회의 적들은 그들의 정치적 패배(대한민국의 건국)를 인정하지 않았다. 남한에 대한 증오를 담아 지속적인 테러를 자행했다. 수백 명의 경찰과 그 가족들이 살해되었다. 공산주의자들은 그렇게 잔인성을

보여주었다. 나는 공산군이 지리산 주변에 은신해 사람들을 살해하고 마을을 노략질하는 것을 목격했다. 이러한 방법으로 소련군은 불법행위를 조장하고 후원하였다. 새로운 남한정부를 약화시키고 불신을 조장하기 위한 공작이었다.

한국의 상황을 점검하며, 미국의 원조가 얼마나 직접적인 효과가 있었는지를 확인하기 위해 트루먼(Truman) 대통령은 덜레스 상원의원을 한국으로 파견하였다. 덜레스는 당시 미국과 일본 사이의 평화조약 체결을 위해 일본을 방문 중이었다. 그는 여러 공식석상에서 한국과 미국의 관리들을 만났다. 그것만이 아니었다. 미국 외교관이자 장로교 장로인 덜레스는 회중의 대부분이 북한에서 내려온 피난민으로 이루어진 영락교회를 방문했다. 그리고 그곳에서 밤에 열리는 성경공부에 일주일 내내 참석하였다. 주중의 밤, 거의 2,000명의 크리스챤들이 교회에 빽빽하게 모여드는 예배의 열기에 크게 감동 받았기 때문이다. 그는 훗날 트루먼(Truman) 대통령에게 보낸 보고서에서 '한국의 많은 사람들이 복음에 헌신적이다. 따라서 대한민국은 도와줄 가치가 있는 나라'임을 강조하였다. 한국전이 발발하기 전 한국은 이미 복음에 대해 열린 문이었다(Voelkel, 1958).

2. 한국전쟁에서의 보켈 선교사 사역

1950년 6월25일 기습남침한 북한군은 사흘만에 서울을 점령하고 파죽지세로 남진했다. 공산군에게 한반도의 90%를 빼앗긴 국군과 유엔군은 부산을 지키기 위해 1950년 8월부터 9월 중순까지 낙동강에서 최후의 결전을 벌인다. 낙동강을 필사적으로 지켜낸 국군과 유엔군은 9월

15일 인천상륙작전 성공을 기점으로 공세로 전환한다. 국군과 유엔군이 절대 수세에 몰려있던 1950년 8월 초, 도쿄의 미군 극동 사령부는 공식적으로 선교사들의 입대를 요청했다. 선교사들은 기꺼이 이 요청을 받아들여 속속 입대하였다. 쇼우(Rev. William Shaw)와 보켈(Rev. Harold Voelkel)은 2차 세계대전 전에 북한에 거주했던 경험이 있었다. 그런 까닭에, 그들에게는 민간인 군목장교 및 한국군과 전쟁포로들을 관리하는 임무가 주어졌다.

쇼우 목사는 8월 말 부산에 도착하자마자 스위스 적십자사 직원들과 함께 포로수용소로 보내졌다. 175명의 수감자들을 조사하고 심문하는 것이 그의 임무였다. 보켈 목사는 인천상륙작전 이후 인천으로 보내졌다. 보켈은 그곳에서 포로 수감자들 가운데 많은 기독교인들이 있음을 알게 되었다. 그들은 자신들이 강제징집되었으며, 어쩔 수 없이 전쟁에 동원되었다고 진술했다.[17)]

다시 전쟁이 터지던 날로 시계를 돌려보자. 1950년 6월 25일 새벽, 일본에 있던 맥아더 장군은 주한 미군 군사고문단(Korean Military Advisory Group: KMAG)으로부터 보고를 받았다. 북한군이 전면 공격을 감행한 뒤 2시간 만이었다. 보고를 받자마자, 맥아더는 워싱턴에 곧바로 전문(電文) 보고서를 올렸다. '적의 전력은 막강하고 전략적 의도는 심각하다. 이것은 전쟁 행위다'라고 했다(Schnabel, 1973). 미국 본토로부터 지시가 오기 전에, 맥아더 장군은 미 8군 사령관인 월튼 H 워커 장군에게 '한국군에 가능한 많은 탄약과 박격포를 보내라'고 명령했다. 전쟁 발발 당일 맥아더와 함께 일본에 있었던 덜레스는 공산군의 침략 소식을 듣자마자 맥아더를 만났다. 덜레스는 상황을 우려했다. 하지만 맥아더 장군은 자신

---

17) 7 Letter from Chaplain Harold Voelkel to Dr. Decker, 13 October 1950, Presbyterian Church Archive, Record Group 140, Box 18, Folder 15 – Presbyterian Historical Society, Philadelphia.

감을 표현하면서, 덜레스에게 '북한의 도발은 그냥 모닥불일 뿐이다. 곧 북한 탱크가 기름을 다 쓸 것'이라고 말했다(Ferrell, 1991).

세계 최고의 군사적 명장이 그렇게 말했지만, 덜레스는 '가장 최근'에 한국에 다녀온 고위급 인사였다. 그는 38선을 방문했던 자신의 경험과 관찰을 이야기하며, 상황이 생각보다 더 심각할 수 있다고 의견을 개진했다. 맥아더는 덜레스의 발언을 받아들였다. 그날 저녁, 덜레스와 미 국무부의 앨리슨(John M. Allison)은 '한국이 북한의 공격을 못 막아낸다면 한국을 지키기 위해 어떠한 위험에도 불구하고 미군이 개입해야 한다'는 보고서를 워싱턴으로 보냈다. 강력한 메시지를 담은 전보였다. 덜레스와 앨리슨은 이 전보에서 '적법한 절차에 따라 안전 보장 이사회를 통해 유엔의 개입을 요구하는 것이 가능하다'라고 제안했다.

덜레스의 전보를 받자마자 트루먼 대통령은 신속하게 대응했다. 그는 미 국무부가 이 문제를 유엔 안전 보장 이사회에 즉시 가져가도록 승인했다. 애치슨(Acheson) 미 국무장관은 '소련이 이 공격의 배후에 있으며 이 도전에서 물러서는 것이 미국의 위신을 손상시킬 것'이라고 확신했다. 그는 "소련이 꼭두각시를 통해 이 중요한 지역을 정복하는 것을 미국은 절대로 받아들일 수 없다"고 결론 내렸다. 애치슨은 한국에서 미국이 군사적 대응을 하지 않는다면, 서유럽의 동맹국들을 위태롭게 할 것이라고 믿었다. 그런 이유로 그는 한국에서 미국이 분명한 입장을 취해야 한다고 주장했다. 대통령도 파병에 동의했다. 하지만 미국에게는 또 다른 고민이 있었다. 세계적인 전쟁에 휘말리지 않으면서 '공산주의 국가'들의 침략에 대처할 수 있는 방법은 무엇인가. 트루먼 대통령은 극동 공군을 보내 미국 민간인들이 일본으로 피신하는 것을 돕도록 지시했다. 공군은 필요한 경우, 대피 과정에서 적의 탱크를 파괴할 수 있는 권한이 있었다. 트루먼 대통령은 정확한 상황파악과 전쟁 물자 지원을 위해 맥아더 장군과 처치 장군(General John H. Church)을 한국으로 급파했다(Haga, 2007).

처음부터, 트루먼은 한국에서 문제가 터진다면 유엔이 책임을 져야 한다고 믿었다. 그런 까닭에, 자신이 직접 행동하기 전에 유엔의 결의안을 기다릴 것이라는 사실을 보좌관들에게 분명히 했다. 트루먼의 입장은, 미국은 '행동의 주체'가 아니라 '유엔의 확고한 후원자'로 반응해야 한다는 것이었다. 6.25 발발 직후, 미 국무부는 유엔에서 본격적인 작업에 들어갔다. 국제적으로 받아들여졌던 남북 간의 경계를 회복하기 위한 수순이었다. 미국은 모든 유엔 회원국들이 '한반도에서 질서를 회복하는 국제 경찰'의 역할을 할 수 있도록 하는 결의안을 준비했다. 하지만 문제는 시간이었다. 한국군은 6월 28일 수도 서울을 내주고 남하, 낙동강 방어선 이남의 대구 부산만을 남기고 한반도 전역을 점령당했다. 북한군은 기습 남침과 우세한 전투력의 이점을 살려 파죽지세로 밀고 내려왔다. 중국에서 편성해 북한으로 들여보낸 3개 사단 - 조선족 중심의 실전 경험이 풍부한 부대 - 가 북한군의 놀라운 전투력의 원천이었다. 결의안 초안이 마련되는 동안, 블레어 하우스 회의(Blair House meeting) 이후 트루먼 대통령은 미 극동 공군이 38선 이남의 모든 북한 탱크, 대포, 군사기동 및 기타 군사 목표물을 공격할 수 있도록 허가했다. 또한 해군에게 한국을 침략군으로부터 보호하라고 명령했다. 전쟁 발발 후 닷새만인 6월 30일에 이뤄진 조치다. 미국은 공식적 개입을 선언한 것이나 다름없었다. 남한의 급속한 국방 체제 붕괴를 우려한 트루먼 대통령은 부산 외곽 지역을 수호하기 위해 미국 지상군을 투입했다. 그렇지 않았다면 한반도에서의 마지막 발판이 사라졌을 것이다. 자연스럽게, 한국인들은 동아시아에서의 위기에 맞서려는 트루먼 대통령의 결정을 환영했다.

한국 내 미국 거주민들을 대상으로 한 트루먼 대통령의 피난 명령이 6월 26일 서울 미 대사관에 도착했다. 대사관은 즉각 군 라디오 방송국인 BTTP를 통해 코드 단어인 '하이볼'[18]을 방송했다. 서울의 미국 시민

18) '하이볼'이라는 용어는 가능한 한 신속하게 대피하는 것을 의미한다.

들은 이 방송을 듣고 미 대사관에 집결했다. 그들은 그 자리에서 손에 들고 온 물건들만 가지고 즉시 한국을 떠나라는 지시를 받았다. 교통편은 대사관이 마련해놓고 있었다.

1950년 6월, 한국에는 1,500명이 넘는 미국인들이 살고 있었다. 거의 다 선교사들과 그들의 가족들이었다. 대부분의 미국인들이 서울에 살고 있었지만, 한반도의 주요 지방 도시에 거주하는 선교사들도 적지 않았다. 미국 정부는 이들도 대피시킬 예정이었지만, 그들을 안전지대(일본이나 미국)까지 후송할 방법이 없었다. 그들 스스로가 인천항이나 부산항으로 직접 와야했기 때문이다. 전시(戰時)에 그것은 거의 불가능한 과제였다. 부산에서는 일제 때 북한에서 활동하던 장로교 선교사들이 많이 거주하고 있었다. 그들은 일본 후쿠오카로 피난을 가기 전날 아침 그들이 가지고 있던 한국 돈 전부를 모아 아담스(Rev. Edward Adams)목사에게 전달했다. 이 특별한 선물의 총액은 50만 원이 넘었다. 선교사들이 한국전의 첫 민간 구호 활동을 시작함으로써 이 돈은 곧바로 사용됐다(Haga, 2007). 1922년에 평양에서 출생한 선교사 윌리엄 쇼우(Rev. William E. Shaw)는 가족들이 안전하게 떠난 후에도 자신만은 서울에 더 오래 머물기를 원했다. 하지만 가족이 떠난 다음날, 미국 정부로부터 서울에 있는 모든 미국인들은 즉각 대피하라는 명령을 받았다. 쇼우(shaw)목사는 서울에 남아 있는 선교사들을 모으기 위해 서울 전역을 운전해서 사람들을 태웠다. 그리고 약 20마일 떨어진 김포 공항으로 향했다. 대부분의 선교사들은 일본에서 피난처를 찾았다. 피난을 가지 않고, 한국에 남아 한국인들 사이에서 계속해서 선교 활동을 한 선교사들도 있다. 일부(총 16명의 장로교 선교사)는 부산 근교 낙동강 방어선 안쪽으로 후퇴했으며, 일부는 북한의 점령 지역에 잔류하기로 결정했다.

1950년 6월 말 호러스 언더우드(Horace Grant Underwood: 한국명 원두우: 1917~2004)는 가족과 동료들을 부산으로 보내자마자 대전으로 올라갔다.

그의 형제이자 목사로 임명된 존(Rev. John Underwood), 그의 친구이자 선교사인 헤리 힐 목사(Rev. Harry Hill)와 같이 차를 몰았다. 전선(戰線)을 거슬러 전투가 벌어지는 곳과 가까운 쪽으로 향한 것이다. 이 세 남자는 한국 친구들이 전쟁에서 이길 수 있도록 도와줄 방법을 찾고 있었다. 호러스는 선교본부가 있던 서울(지금의 강북지역을 말함)로 가고 싶었지만, 한강의 다리가 끊겨 서울로 갈 수 없었다. 돌아갈 선교본부가 없어진 것이다. 그는 한국을 지키는데 도움을 줄 수 있는 다른 방법을 찾기로 결심했다.

마침내 7월 초 언더우드는 대전에 머물던 24사단의 딘 장군(Major General William F. Dean)의 부대를 찾았다. 공산군이 영덕, 안동, 상주, 진주를 잇는 선까지 진출하기 전이다. 공산군은 7월 말 이 선까지 진출했고 8월초 이 선에서 조금 더 밀고 내려가 낙동강 방어선에서 대공세를 펼쳤다. 딘 장군은 즉시 언더우드를 초대했다. 언더우드는 공식적으로 군사위원회에 합류한 것은 아니지만, 8월까지 24사단에 소속되어 있었다. 미군의 계속적인 후퇴로 대전 금강이 최후 방어선이 됐고, 언더우드는 미군과 함께 최전방에서 싸우는 최초의 미국인 선교사가 되었다(Devine, 2001).

언더우드는 민간인이었기 때문에 24사단에서 특별한 직무는 없었다. 하지만 24사단과 같이 움직였다. 딘 장군은 그에게 직접 전투에 참가하라는 요구를 하지 않았다. 단지 그가 할 수 있는 모든 방법으로 군대를 지원하도록 요청했다. 구한말부터 3대째 한국에 거주했던 언더우드는 한국어를 완벽하게 구사하고 한국 문화에 정통한 인물이었다. 24사단이 그의 군 복무를 환영했던 까닭이다. '민간이지만 군부대와 함께 움직이며 군으로부터 환영받는 인물'이라는 그의 특별한 위치는 그에게 또 다른 사명을 부여했다. 그 자신이 미국 선교사와 다른 한국인 기독교인을 위한 유용한 연락처이자 하브로 기능한 것이다.

전주에서 선교사로 활동한 존은 시골 지역의 교회를 자주 방문했기 때문에 경기 남부인 오산부터 전북 전주, 충남 대전 등의 지리에 친숙했다. 미 육군 정찰대에게는 정확한 지도가 필요했다. 선교사들의 경험, 정보, 언어 능력 등은 정말 필요했지만 존의 도움은 그래서 특별히 더 귀중했다. 7월 18일 대전 방어선이 붕괴된 후, 존은 난민 구조활동을 하기 위해 지프를 몰고 끊임없이 부산 근교를 돌아다녔다(Haga, 2007).

24사단에서 생활하는 동안, 언더우드는 미군 사령관들과도 긴밀하게 일했다. 미군들은 한국 민간인에 대한 정보가 거의 없었다. 전쟁 초기의 불리한 전황으로 병영 전체의 사기도 떨어져 있었다. 하지만, 언더우드의 언어 능력이 이러한 긴장을 완화 시키는데 큰 도움을 주었다.

언더우드의 비공식적인 육군 복무는 8월에 끝났다. '해군에서 현역으로 복무하고 싶다'는 그의 요청이 받아들여졌기 때문이다. 근 2달 동안 '비공식적'으로 복무하며 많은 공헌을 했기에, 미국 정부는 그에게 '자유의 메달(The Medal of Freedom)'을 수여했다. 미국의 안보에 특별한 공헌을 한 민간인을 표창하는 훈장이었다(Devine, 2001).

언더우드가 전쟁 초기 두 달 동안 민간 선교사로 미군에 복무했던 유일한 인물은 아니다. 선교사들은 통역이 필요한 곳 어디에나 자원해서 찾아갔다. 7월 6일 북장로교 목사였던 킨슬러(Rev. Francis Kinsler)는 유엔 관계자들을 위한 통역사로 봉사하기 위해 대구로 갔다. 미군은 또 제2차 세계대전 전에 평양에서 살았던 힐(Hill) 목사에게 '북한 전쟁 포로들을 심문하는 데 도움을 주기 바란다. 아울러 종교적인 도움도 제공해 달라'고 요청했다. 이에 대한 보상으로 힐 목사에게는 북한 포로들에게 설교하는 것이 허용되었다. 미군은 힐목사를 비공식적으로 지원했다.

남장로교 린튼 목사(Rev. William Linton) 또한 미군에 종교적인 도움을 제공함으로써 미군 지도부를 도왔다(Haga, 2007). 전쟁터에서는 당장 직접적으로 해결해야 하는 문제가 많아진다. 그것이 전쟁터의 속성이다. 한국에 남아 있는 선교사들은 미국 정부에 충성스러운 미국 시민이자 고통받는 한국 난민들에게는 자비로운 특사라는 두 가지 역할을 수행해야 했다. 그들은 전쟁 포로, 미군, 대한민국 병사, 난민들 사이에서 매우 바쁘게 일했다.

그럼에도 불구하고, 미국의 선교사들은 미국 정부로부터 아무런 보상도 받지 못했다. 그들의 임금은 여전히 미국 교회에서 책임졌다. 교회들은 한국에서 선교사들의 존재가 한국 기독교의 영향력을 보존하는데 매우 중요하다고 보았다. 나아가, 선교사들의 활동이 공산주의의 확산을 막고 한국과 미국 간의 장기적인 협력을 촉진할 것이라고 굳게 믿었다.

전쟁 지역에 있는 미국 군사 당국도 미국 선교사들이 필요했다. 그들은 미군과 한국인들을 연결하는 가교였다. 미군과의 긴밀한 협력은 한국인 목사들이 수행할 수 없었던 일이다. 선교사들을 통해 미군은 선교사들과 친구 관계인 한국의 기독교인들이 미국에 친밀한 동맹이라는 것을 이해했다. 선교사들의 활동에 대한 보상으로 미군은 비공식적인 지원을 했다. 그리고, 군대가 허용하는 범위 내에서 선교사들에게 특별한 자유를 주었다.

일본과 미국에 머물던 다른 선교사들도 전쟁 중인 한국으로 파송되기를 원했다. 하지만, 불확실한 전쟁 상황과 병참 지원의 복잡한 문제들이 그들의 귀환을 막았다(Voelkel, 1950). 미군 당국은 급박한 전시 상황을 고려하여 선교단이 자체적으로 안전을 보증하지 않는 한 그들의 한국 귀환을 승인할 수 없다고 했다. 미군과 한국군이 낙동강 이남으로 후퇴해 안간힘을 쓰며 부산을 지키고 가까스로 버티고 있던 당시 상황을 감안하면, 이 같은 결정은 합리적인 것이었다.

하지만, 간절히 원하면 길이 열리는 법이다. 언드우드(Horace G. Underwood)와 같은 몇몇 선교사들은 2차 세계대전과 한국의 미군정(美軍政: 1945. 9. 8~1948. 8. 15) 당시 미군에 복무한 경험이 있었다. 그래서, 한국에 올 수 있는 가장 빠른 길이 '재입대'임을 알고 있었다. 미군은 즉각 그들의 '재입대 요구'를 승인했다. 많은 미군 사령관들의 마음속에는, 미 군정 당시 군정 당국과 선교사 공동체 간의 협력에 대한 좋은 기억이 있었다. 그들은 한국에 살았던 선교사들의 경험과 전문 지식이 전쟁에 큰 도움이 될 것이라고 판단했다. 첫 번째 귀환자는 평양에서 태어난 장로교 의료 선교사인 마펫(Dr. Howard Moffett: 1917~2013) 선교사였다. 그는 평양선교의 아버지로 불리는 사무엘 마펫 선교사(1864~1939. 한국명 마포삼열)의 4남으로, 2차 세계대전에 참전한 경험이 있는 베테랑이었다. 한국전쟁 발발 후 일본으로 피난한 뒤, 그는 미군 당국에 해군 의료 장교로서 현역 복무 자격을 달라고 요청했다. 미군은 그의 요청을 승인했다. 마펫은 1948년부터 대구 동산병원장으로 취임하여 부부가 함께 헌신했던 인물이다. 그의 대구에서의 생활 경험과 의술은 야전에서 즉시 필요한 것이었다. 미군은 그에게 해군 대신 공군 제복을 입혀 대구로 보냈다. 그편이 행정적으로 그를 더 빨리 입대시킬 수 있는 방법이었기 때문이다. 마펫은 1950년 7월부터 9월까지 병원 운영을 계속하며 수많은 미국인들과 한국인들의 생명을 구했다(Devine, 2001).

언더우드(Horace H. Underwood)선교사는 친구인 미국 군사 관계자들의 도움을 받아 9월 중순 부산에 도착했다. 그리고 곧바로 연합국 통역관으로 발령받아 통역 부서에 배치되었다. 그의 임무는 부산 동쪽의 동래에 주둔한 부대에서 북한군 전쟁 포로를 심문하는 것이었다.

언더우드 선교사처럼, 다른 선교사들도 군 재입대를 통해 한국으로 돌아오는 방법을 찾으려 노력했다. 2차 세계대전에서 군목으로 일했던 쇼우 선교사와 보켈 선교사도 군목으로 한국전쟁에 참여했다.

대부분의 미국 교단들은 전쟁 중에 그들의 선교사들이 미군에 공식적으로 입대하는 것을 장려하지 않았다. 다시 복음의 문이 열렸을 때 그들이 민간인 신분으로 즉각 정규 선교 활동에 나서주기를 원했기 때문이다. 그럼에도 불구하고, 미국의 선교위원회는 일단 선교사 개개인들이 군대에 가기로 결심하면 그 결정을 지지했다. 전쟁이 언제 끝날 줄 몰라 끝없이 기다려야 한다는 어려움, 개인적인 선교사명(宣敎使命) 등을 고려했기 때문이다. 미국의 선교위원회는 선교사들이 입대 후 군사적 업무를 하며 미국 정부로부터 급여를 받는 동안에도 그들의 결정을 지지하고 지원을 계속했다. 극비 군사 업무를 맡은 일부를 제외하고는, 대부분의 선교사들은 미국 선교위원회와 계속 연락하며 전쟁 상황의 최신정보를 제공했다(Haga, 2007).

선교사들과 한국 교회가 얼마나 전쟁 전부터 얼마나 긴밀하게 협조했는지를 알려주는 증거들이 많다. 북한의 공격 소식을 들은 직후, 한국 개신교 교회 지도자들은 기도를 하기 위해 한자리에 모였다. 영락교회의 한경직 목사는 한국 기독교 협회장(Executive Secretary of Korea National Council of Churches:KNCC) 남궁혁을 만났다. 그들은 KNCC가 워싱턴의 트루먼 대통령과 도쿄의 맥아더 장군 그리고 뉴욕의 국제 선교 협의회에 즉각 한국 지원 요청 전보를 쳐야 한다고 결의했다(Haga, 2007). 그리고 미국 교회들에게 '미국 정부가 한국을 지원하도록 그들의 영향력을 사용해달라'고 촉구했다. 한국 측의 즉각적인 요구에 반응하여 6월 27일 감리교 협의회, 장로교회, 북미 외교 사절단(Methodist Board, the Presbyterian Board, and the Foreign Mission Conference of North America)이 국무부에 전보를 쳤다. 미국 정부에게 유엔이 이미 취한 조치를 지지하라고 촉구하는 내용이었다.

미 국무부는 이들 교회 단체를 진정시키기 위해 당시 서울과 부산에서 행해지는 민간인 대피절차 정보를 공유했다. 미국시간 6월 27일, 북미 외교 사절단 회의(Foreign Mission Conference of North America)가 열렸다. 한국을 지키기 위한 다양한 종파와 종교/기관의 이사회와 책임자들의 만남이었다. 그 회의를 통해, 한국에 남아 있기를 자원한 선교사들을 위한 재정 지원과 기도 지원이 결정되었다.

한국 기독교인들을 공산주의 박해의 손에서 구하는 것은 전쟁 기간 내내 서구 교회의 주요한 관심사였다. 감리교 외국선교 책임자이자 직업외교관이었던 쏘범 박사(Dr. Thobum T. Brumbaugh)는 '한국 내 선교사들의 재앙'이라는 제목의 발표문을 통해 감리교 신자들에게 "한국의 민주 발전이 기독교 운동의 직접적인 결과이기 때문에 미국의 기독교인들은 한국 교회를 유지하기 위해 할 수 있는 모든 수단을 다 사용해야 한다"고 말했다(김흥수, 2003). 그는 "한국을 위해 진지하게 기도하는 것뿐만 아니라, '불행한 땅에서 기독교의 기치를 높이 세우기 위해 노력하고 있는 한국 사람들의 사기를 높이는 활동에 기부하는 것'이 미국 기독교 신자들의 신앙심을 높일 것"이라고 썼다.

미국 교회 지도자들도 움직였다. 그들은 세계 교회협의회(World Council of Churches, WCC)에 도덕적 지원을 호소했다. 1950년 7월 13일, WCC 중앙 위원회는 북한의 공격을 "침략 행위"라고 비난하고 유엔에게 '경찰 활동 지원'을 요청했다. WCC는 현재의 비극적인 상황을 해결하기 위해 모든 방법이 사용되어야 한다고 역설 했다. 핵사용 가능성도 시사한 것이다. WCC는 러시아가 사용했던 "스톡홀름 평화호소문"[19)]을 "선전 전략"이라고 공식적으로 비난했다. 러시아가 국제사찰 및 통제에 동의하지 않고, 단지 핵무기의 금지만을 요구하고 있었기 때문이다. WCC가 취한 입장은 당시 동유럽의 공산당이 통제하던 개신교 교회로부터 심각한 반대에 직면했다. 공산주의 국가 출신의 많은 대표자들은 WCC의 입장에 불만을 표하고 WCC를 거부했다.

미국 내의 사정은 조금 달랐다. 미연방 기독교연합회(Federal Council of Churches of Christ (FCCC))는 WCC의 입장을 지지했으며, 기독교 공동체를

---

19) 1950년 3월 19일 스웨덴 스톡홀름에서 열린 세계평화옹호회의 마지막 날 발표한 글. 원자병기 무조건 사용 금지, 최초로 원자병기를 사용한 정부를 인류에 대한 범죄자로 간주할 것, 원자병기 금지를 위한 국제관리 실현 등이 주요 내용이다.

동원하여 한국 방어를 지원하는 일에 동의했다.

미국 관리들도 한국에서의 주요 군사 작전을 펼치기 위해 국민의 여론을 모으는 일에 관심이 많았다. 그들은, 한국을 방어해야 하는 정당한 이유를 국민들에게 제시하고, 이것이 정치적 군사적 뿐 아니라 도덕적으로도 올바른 일이라는 점을 알리고 싶어했다. 미국 관리들이 종교단체의 지지를 호소한 배경이 여기에 있다.

전술한 바와 같이, 트루먼 정부의 덜레스(John Foster Dulles)는 동아시아 방문 당시 한국에서 종교적으로 깊은 인상을 받았다. 그 결과, 그는 미국으로 돌아오자마자 한국을 위한 운동을 벌이기 시작했다. 자신이 한국에서 열정적인 북한 난민 교회를 인상 깊게 보았으며, 한국전쟁은 단순한 내전이 아니라 자유와 인권을 위한 전쟁이라고 역설했다. 그것이 덜레스가 미국의 개입이 꼭 필요하다고 정부 인사들을 설득할 때 동원했던 논리다. 1950년 7월 1일, 미국이 지상군을 투입한 지 하루 뒤에 덜레스는 CBS와 인터뷰를 했다.

그 방송에서 덜레스는 대한민국 정부의 민주화 과정을 긍정적으로 평가하며 한국 국회에서 기독교인의 비율이 높다는 점을 강조했다. 한국의 민주주의가 기독교 공동체의 성취라고 말한 것이다. 덜레스는 이 인터뷰에서 약간의 과장을 했다. 실제 한국 국회의원 가운데 기독교인의 비율은 19%였지만 4분의 1이 기독교인이라고 말한 것이다. 그가 한국 내 기독교의 영향력에 대해 강조한 까닭이 있다. 한국 공산주의자들이 한국의 급속한 기독교화를 질투하고 있다는 그의 믿음 때문이었다. 덜레스는 한국에서의 기독교의 성공이 "북한의 공격을 불러 일으킨 또 다른 요인"이었다고 주장했다(Haga, 2007). 그는 대한민국 정부 수립 이전 북한지역에서 박해를 받고 남쪽으로 내려온 '기독교 난민'들과의 만남을 언급하며 한국은 '정치적 자유와 종교적 자유의 땅'이기 때문에 미국인들의 혈통을 이어받을 가치가 있다고 강조했다.

서구의 민주주의 기준으로 보자면 한국은 진정한 민주주의 국가라고 하기에는 미흡한 점이 많았다. 이승만 대통령의 정부가 민주적이지 않은 측면이 있던 것도 사실이다. 대다수의 한국인들은 민주주의 제도에 대한 이해력이 부족했고 민주주의에 대한 경험 자체가 일천했다. 하지만 해방공간(1945. 8. 15~1948. 8. 15)의 한반도는 서구적 관점으로는 이해하기 어려운, 첨예한 이념대결과 물리적 충돌과 폭력사태가 실시간으로 벌어진 지역이다. 이승만의 공산주의 반대 시위와 다소간 억압적인 정책은 그를 미국 자유주의자들로부터 멀어지게 했을지 모른다. 하지만, 이승만 대통령에게는 아마도 미국의 주요 반공주의자들 사이에서 더 많은 지지세력과 친구가 생겼을 터이다. 당시에는 대부분의 미국인들이 한국에 대해 매우 제한적인 정보만을 가지고 있었다. 미국 정부 내에서도 한국 전문가라고 할만한 인물은 거의 없었다. 때문에, 덜레스의 주장과 해석은 한국 전쟁 직후 미국 정부를 움직이는 가장 강력한 호소였다. 워싱턴에 있었던 주미 한국 대사관 직원들의 발언보다 덜레스의 발언이 미국의 국민들에게 더 동정적이며 영향력이 있었을 것이라는 점에는 의심의 여지가 없다.

미국 정부는 미국이 한국전에 개입해야 하는가에 대한 여론 조사를 실시하지는 않았다. 하지만 대다수의 미국인들은 미국이 한국을 구하기 위해 군대를 파견할 것이라는 소식을 들었을 때 기꺼이 동의를 표했다. 미국 정부 안팎의 거의 모든 사람들은 미국이 한국을 공산주의 국가로부터 구하기 위해 즉각 개입해야 한다는 데 찬성했다. 이러한 지지가 너무나 압도적이어서, 트루먼 행정부는 주한 미군을 한국으로 파견하기 전에 공식적인 의회 결의안이나 선전포고를 하는데 신경쓰지 않았다(Haga, 2007). 미국이 한국을 방어하는 데는 관심이 제한적이라는 김일성의 믿음에도 불구하고, 미군은 신속하게 한국에 왔다. 미국의 파병으로, 부산 외곽 지역 낙동강 방어선을 지키기 위한 총력전(總力戰)이 시작되었다.

IV.

한국전쟁 초기 피난민들에게 끼친 선교사들의 영향[20)]

전쟁기간 동안 전선에서 수많은 전투가 벌어졌지만, 전선에서 그리고 후방에서 '기아와 질병에 맞서는 전투'도 벌어졌다. 많은 사람들이 집을 잃었다. 대부분의 신체 건강한 남자들은 전쟁에 징집되었고 여자들과 아이들은 혼자 남겨졌다. 이는 한국 사회의 전통적인 가족 구조를 파괴했다. 전쟁은 또한 불교, 유교, 샤머니즘과 같은 한국의 전통 종교들을 약화시켰다.

그러나 이 인도주의적인 위기는 기독교 교회에게는 전례 없는 기회였다. 공산주의자들의 표적이 되었고, 서울이 함락된 후 지도력과 자료 모두 큰 손실을 입었지만, 한국 교회는 곧 일어섰다. 선교사들과 그들이 후원을 받은 해외 자금의 덕분이었다. 미군과 미국 교회가 나란히 있는 한, 미국의 선교사들은 난민들의 증가하는 요구에 대처하며 민간 구호 서비스를 조직할 수 있었다. 그 과정에서 그들은 한국 교회의 미래를 위해 새로운 지도자들을 훈련시켰다. 그 결과, 전쟁 동안 기독교의 명성과 영향력은 전쟁 전에 비해 오히려 증가했다.

북한의 계속되는 남하로 시민들의 남행 피난길은 참담했다. 고아들은

---

20) 4장은 Haga, K. Y. A. 2007. (Ph. D Dissertation, College of William and Mary)의 박사학위 논문을 중심으로 재구성하여 정리 하였다.

울부짖었고 난민들은 하나같이 지쳤다. 거의 모든 사람들이 서둘러 서울을 떠나야 했던 것도 문제였다. 그들은 음식이나 생필품을 챙겨올 경황이 없었다. 서울과 대구의 중간 지점에 위치해 있는 대전은 그래서 가장 최악의 난민 보호소였다. 대전의 모든 곳은 초만원이었다. 당연히, 심각한 식량 부족 사태가 발생했다. 대전의 함락 이후 이 고통은 대구로 전이되었고, 부산에도 난민들이 급증하기 시작했다. 대구와 부산의 상황은 함락 이전의 대전에 비해 훨씬 더 심각했다. 난민들을 관리하는 것은 전쟁 중인 대한민국 정부에게는 불가능한 도전이었다. 하지만 사태를 방치할 수도 없었다. 국민들의 생존이 걸린 문제였기 때문이다. 정부는 이러한 군중들이 폭력적으로 변하고 남부 지방에 내부적인 소요를 가져오기 전에 정부 차원의 해결책을 찾을 필요가 있었다. 전쟁 초기, 당국은 지방 교회, 사찰, 학교 건물, 공장, 백화점을 임시 난민 센터로 만들었다. 피난민들에게 동정적이던 시민들은 그들이 할 수 있는 한 최대한의 도움을 제공했다.

그러나 이러한 현지의 구호 활동은 빠르게 중단되었다. 북한 군대가 구호 기관들을 하나씩 차례로 제압하며 계속해서 남진했기 때문이다. 한국군이 계속 후퇴함에 따라 구호물자를 지원하던 사람들 자신이 곧 피난민이 되었다. 그리고, 그들도 구호물자를 필요로 하는 대열에 합류했다. 북한 군대가 점점 더 많은 땅을 점령한 결과, 점점 더 많은 사람들이 도로를 따라 남쪽으로 향하는 피란대열에 합류했다. 대한민국은 붕괴 직전이었고, 군사적 상황은 급속히 악화되었다. 지방 행정기관은 다수의 사람들에게 음식을 먹이는 것 외에도, 시급히 해결해야 하는 수많은 긴급현안들 때문에 거의 기능을 하지 못했다.

난민 문제가 심각해지자 유엔은 1950년 7월 31일 피난민에 대한 지원을 결정했다. 이승만 대통령도 움직였다. 1950년 9월 1일, 그는 맥아더 장군에게 직접 서한을 보내 국민들을 위한 비상식량, 의복, 임시거처를 제공해달라고 요청했다. 전쟁이 시작된 첫 3개월 동안, 대규모의 조직적인 구호 프로그램은 존재하지 않았다. 눈에 띄는 지원이라고는 민간 자선 단체, 기독교 교회, 그리고 대한민국 정부의 빈약한 재원이 전부였다.(Haga, 2007).

나라가 혼란에 빠져 있고 집 없는 난민들 사이에서 주요 구호 활동이 필요하다는 현실을 타개하기 위해 기독교 성직자들이 앞장을 섰다. 7월 3일, 대전에서 한경직 목사는 목사들을 모아 '기독교 구국회'를 설립했다. 한경직 목사가 회장으로 선출되고, 대구에 본부가 세워졌다. 성직자들이 구호 작업을 위한 기구와 기본 틀을 만든 것이다. 하지만, 그들에게는 전국적인 캠페인을 수행하기 위한 돈과 자원이 모두 부족했다.

이 무렵, 미국 선교사들의 존재는 한국인들의 삶과 기독교도 피난민들의 운명에 엄청난 영향을 미쳤다. 비록 미국인 선교사의 숫자는 얼마 되지 않았지만, 그들은 피난민들이 필요로 하는 다양한 자원과 기술을 보유하고 있었다. 차량을 가지고 있었고, 외부의 지원 수단을 확보하고 있었으며, 지역 교회들과 관계를 통해 구호인력을 조직할 수 있었고, 미군 내에서의 영향력을 바탕으로 전시 활동에 대한 특별 허가를 얻을 수 있었다.

부산에는 자신들의 가족을 일본의 후쿠오카로 피난보낸 3명의 선교사들이 남아 있었다. 모두 북장로교회 선교회 소속이었다. 아담스 선교사(Rev. Edward Adams), 켐벨 선교사(Rev. Archibald Campbell), 그리고 킨슬러 목사(Rev. Francis Kinsler)였다. 그들은 전쟁 직후, 즉시 긴급 구호 프로그램을 만들고 이를 실행에 옮겼다.

그들에게는 백 수 십 만원의 현금이 있었다. 앞에서도 이야기했지만, 일본으로 피신하는 선교사들이 헌금해준 오십만 원이 있었다. 그 외의 돈은 아담스(Rev. Adams)가 마련한 것이다. 전쟁 3일 만에 서울이 함락되면서 금융 위기가 닥쳤을 때, 그는 미국 시민권을 '담보'로 뉴욕은행과

'신용 거래'를 했다. 협상을 통해 '수십만 원'을 인출한 것이다. 이 모든 돈은 피난민들에게 식량을 공급하기 위해 긴급히 필요했다. 복음주의적인 사업을 계속하고, 더 많은 구호 요원을 고용하고, 구호물자의 운송비용을 지불하기 위해서도 필요했다. 그들은 동원 가능한 모든 방법을 동원해 난민들을 지원했던 것이다.

'점령지'인 인천과 서울에서 보급품을 가져올 수 없었기 때문에, 선교사들은 기독교세계봉사회(Church World Service: CWS)[21)]가 소유한 자원 중 부산 창고에 보관되어 있던 물품만을 사용할 수 있었다. 그러나, 이 창고에 있던 물품들은 곧 바닥이 났다. 피난민들이 너무나 많았기 때문이다. 하루 아침에 생계 해결 수단이 없는 수 백 만의 피난민이 갑자기 생겨났다고 상상해보라. 그리고 그 가운데 상당수가 어린아이와 노약자였다면? 선교사들은, 일시적인 해결책이 아니라 장기적인 구호 계획을 수립해야 한다는 데 의견을 같이했다. 그러기 위해서는, 구호물자의 계속적인 유입선을 확보해야 했다. 그러나 전쟁 중에 운송 수단을 마련하며 안전하고 완전한 보급로를 찾는 것은 쉬운 일이 아니었다(Haga, 2007).

북한군이 대전을 점령하고 금강을 따라 내려오고 있다는 소식을 듣고, 대전에 머물던 피난민들은 다시 피난을 떠났다. 이 대열에 대전 시민들도 합류했다. 선교사들은 이 뉴스를 듣고 대구에 그들의 구호 기관을 설립했다. 지역 교회들은 종종 물품 분배소로 이용되었다. 구호물자는 주로 콩, 밀가루, 밀과 같은 식량이었다. 구호물자를 나눠주기 전에, 선교사들은 현지의 목사들과 기독교 신자들을 먼저 접촉했다. 두 가지 이유에서였다. 첫째, 보다 효율적으로 물자를 분배하기 위한 인력 조직. 둘째, 지역주민들에 대한 전도 준비. 일단 군중이 모이면, 구호 요원들은

---

21) 기독교세계봉사회(CWS: Christian World Service)는 미국교회협의회 산하 조직이다. 한국 지부는 해방 이후에 설치되어 한국의 사회개발, 빈곤한 상태에 있는 사람들을 구호하는 활동을 펼쳤다. 1950년 한국전쟁이 발발한 이후에는 수많은 전쟁 과부와 전쟁고아들 및 피난민들을 돕는 활동을 했다.

비기독교도인들에게 기독교 교리와 함께 식량을, 기독교인들에게는 식량과 더불어 복음서나 신약을 제공했다. 아담스 목사에 의하면, 구호사역은 전쟁 중에 복음을 전도하는 가장 탁월한 방법이다. 도움을 받는 사람들의 감사하는 마음과 표현이 너무나 절절했기 때문이다. 기독교인들 대부분은 신앙생활에 필요한 모든 것들을 고향에 두고 급하게 피난 온 경우가 많았기에, 복음서나 신약성서를 받고 특별히 감사한 마음을 표하곤 했다.

모든 피난민들에게 구호물자를 배분했지만, 그중에서도 기독교 신자들이 가장 많은 혜택을 받았다. 많은 미국 교회들이 한국 기독교 공동체에게 지정기부를 했기 때문이다. 미국의 기부자들은 자신들이 보낸 물건들이 기독교 공동체의 손에 닿기를 원했다. 그러한 이유로, 선교사들은 목사와 노약자들을 위해 지역 교회에 구호품을 남겨두고 떠났다. 교회는 '구호물자를 나눠주는 곳'으로도 유명해졌다. 해방 이후, 특히 북한 지역에서의 핍박으로 많은 교회들이 파괴되었고 성직자가 살해되는 등 지도력의 손실이 있었지만, 전쟁 기간 내내 기독교의 영향력은 오히려 증가했다. '구호물자를 나눠주는 곳'으로 '식량과 복음'이 필요한 수많은 사람들이 찾아왔기 때문이다. 하지만 기독교의 구호 활동은 정부나 유엔 프로그램을 대체할 수 있는 규모는 아니었다.

선교사들에 의해 조직된 구호 활동은 식량 배급뿐만 아니라 비상 대피도 포함하고 있었다. 선교사들의 지프차, 트럭, 혹은 왜건 차량은 사람들과 장비를 움직이는 데 필수적이었다. 특히 선교사들은 기독교 지도자들을 대피시키는 데 관심이 있었다. 공산주의자에게 붙잡힌 성직자들은 반드시 살해당하기 때문이다. 선교사들은 붙잡힌 기독교인들을 구조하기 위해 심지어는 양 적군이 대치하는 최전방 전쟁터로 차를 몰기도 했다.

전쟁이 길어지면서, 군인들은 점점 더 난민들을 적대적으로 대하기 시작했다. 군인들에게 피난민대열은 불편한 존재였다. 피난민 가운데 적군이 숨어 있을 수도 있고, 도로와 철도를 막고 있던 난민들에 의해 군대와 장비의 이동이 방해를 받았기 때문이다. 군사 작전이 우선이었기에, 난민들은 길에서 산으로 떠밀려 들어갔다. 산과 강기슭에 난민들이 가득 찼다. 이들에게는 갈 곳이 없었다. 낙동강 방어선 안쪽으로 피난을 갈 수 없다면 그들은 곧 북한군의 손에 들어가거나, 그렇지 않더라도 배고픔이나 질병으로 사망할 확률이 높았다. 선교사들은 그래서 구호 활동을 확대했다. 피난민들에게 의지가 될 뿐만 아니라 도움을 줄 수 있는 수단을 가진 유일한 사람들이 바로 선교사들이었기 때문이다. 아담스 목사(Rev. Adams)와 그의 기독교세계봉사회(CWS) 지원자들은 그들이 가지고 있던 지프차, 트럭, 왜건 차량을 이용해 피난민들을 실어 날랐다. 며칠 동안 언덕에서 야영하던 약 1만 명의 사람들을 부산 근교의 난민 보호소로 보낸 '대규모 작전'이었다.[22)] 전쟁 초기에, 난민들이 방어선으로 대거 유입되었다. 보안 문제 그리고 북한군이 난민 사이에 민간인으로 위장한 전투병을 다수 투입한 사정과 겹쳐, 미군들은 난민들을 친절하게 대할 수 없었다. 상대적으로 가혹했던 미군의 대 난민 정책은, 난민들 사이에서 미국 선교사들의 구호 노력이 높은 평판을 얻는데 일조했다.

1950년 8월에 부산 주변 지역을 따라 전선이 교착되었다. 한국군과 미군은 아직 반격에 나서지는 못했지만, 낙동강 방어선을 지켜내고 더 이상의 공세를 막아내는 데 성공했다. 국가 존립의 위기를 넘긴 한국정부는 피난민들의 출신 지역에 따라 난민들을 조직할 수 있었다. 하지만 부산은 사람들로 넘쳐났다. 학교, 백화점, 모든 큰 건물들이 병원, 막사 또는 난민 캠프로 사용되었고, 더 많은 난민들을 수용하기 위해 수많은

22) Letter from Edward Adams to wife, 9 August 1950, Presbyterian Church Archives, Record Group 140, Box 18, Folder 14 - Presbyterian Historical Society, Philadelphia.

임시 건물들이 세워졌다. 교회와 절 또한 사람들로 꽉 찼다. 아담스 목사는 그들의 상태를 '파리처럼 살고 있다'라고 묘사했으며, 적절한 조치가 없다면 대규모 전염병이 발생할 수 있다고 우려했다.[23] 초만원인 이 난민 센터들에 즉각적인 관심이 필요했다. 미국 선교단은 또다시 그들의 한정된 자원을 동원했다.

선교사들은 구호물자를 정기적으로 제공하는 것 외에, 사람을 구원하는 일에도 힘썼다. 그들은 가장 멀리 떨어진 곳까지 주님의 은총이 도달할 수 있기를 원했다. 그래서 장기적인 복음 전도 네트워크를 개발하는 작업을 시작했다. 첫 사업은 한국인 기독교 성직자와 복음 전도자 가족들을 위한 구제 프로그램을 설립하는 것이었다. 장로교에만 국한되지 않고 모든 교파 지도자들과 그 가족들을 돌보는 사업이었다. 선교사들은 한국인 목사들과 그들 가족들을 위해 식량과 특별 쉼터를 제공하였다. 성직자들이 출신지에 따라 나눠진 난민 캠프에서 살 수 있도록 조치한 것이다. 아담스 목사는 각각의 난민 캠프 지역에 최소한 한 명 이상의 목사나 전도사를 배치할 수 있기를 바랐다. 이런 식으로 연계를 가지면, 목사들은 난민들과 관계를 맺고 전쟁이 끝난 뒤 집에 돌아가서도 자신이 살던 지역을 계속 돌보며 사역을 할 수 있기 때문이다.

한국인 기독교 성직자와 복음 전도자들에게 월급을 지급한 것은 아니다. 대신에, 선교사들은 '그들의 건강을 보호하기에 충분한 음식과 옷'을 보장했다. 한국인 기독교 성직자와 복음 전도자들은 그래서 피난민들 가운데서 자신들이 해야 할 일에 집중할 수 있었다.[24] 선교사들은

23) Letter from Edward Adams, 1 September 1950, Presbyterian Church Archives, Record Group 140, Box 16, Folder 37 – Presbyterian Historical Society, Philadelphia.

24) Letter from Edward Adams, 1 September 1950, Presbyterian Church Archives, Record Group 140, Box 16, Folder 37 – Presbyterian Historical Society, Philadelphia.

또한 큰 텐트를 준비했다. 각각의 '군(郡)' 단위별로, 구호소와 임시 예배당으로 사용하기 위한 것이었다. 이 텐트들은 교회 일꾼들의 본부이자, 어린 아기들과 임신한 엄마, 몸이 아픈 아이들을 위한 구급 센터 역할을 했다. 공군에 근무하는 하워드 마펫 박사(Dr. Howard Moffett)는 아스피린, 페니실린과 같은 기본 약품들을 이 기지에 제공했다. 아담스 목사에 따르면, 미군 자문관과 고위 관리는 그가 이 프로그램에 대해 이야기하는 것을 듣고 감동의 눈물을 흘렸다고 한다.

전쟁이 시작된 지 첫 3개월 동안 선교사들에 의해 운영된 구호 프로그램이 정확히 얼마만큼의 효과를 거두었는지를 확인할 길은 없다. 정확한 수치나 자료를 수집한 사람이 없기 때문이다. 하지만, 그들의 노력이 수많은 생명을 구했다는 사실에는 의심의 여지가 없다. 그들의 일은 미국 내에서 대중적 관심을 불러일으켰다. 나아가 미국과 다른 서구 국가들의 기독교인들이 한국의 생존을 지원하도록 고무하는 역할을 했다. 미국의 교회 지도자들은 선교사들의 이러한 요청에 응답한 첫 번째 그룹이었다.

한국전쟁 발발 직전 한국을 방문했던 밥 피어스 목사(Rev. Bob Pierce)도 피난민들의 실태를 조사하기 위해 다시 한국을 방문했다. 그가 직접 목격하고 겪었던 고통과 참상은 1950년 9월 22일 '월드비전(World Vision)' 설립으로 이어졌다. 이 조직은 현재 세계에서 가장 큰 기독교 구제 및 개발 기관이다. 그는 '이 글이 독자들의 공분과 동정을 불러 일으키기를 기대한다'면서 한국전쟁 피난민들에 대한 보고서를 발표했다. 무더기로 죽은 채 방치된 기독교인들, 과부들, 고아들, 그리고 아기들의 곤경에 집중한 글이었다. 보고서를 작성한 외에도, 한국전쟁 동안 피어스 목사는 한국에 관한 두 편의 다큐멘터리를 제작했다.

첫 번째 영상 〈38선(The 38th Parallel)〉은 한국전쟁이 발발하기 전 한국의 상황에 대한 기록이다. 두 번째 영화 〈불꽃(The Flames)〉은 가장 주목할 만한 작품이다. 1952년에 개봉한 이 영화를 비평가들은 시대를 초월한, 한국전쟁에 관한 가장 탁월한 기독교 다큐멘터리로 평가한다(Graham & Lockerbie, 1983). 피어스 목사는 이 영화를 미국 전역의 교회에서 상영했다. 난민들과 한국 고아들을 돕기 위해, 피어스 목사는 예비 후원자가 있는 곳이면 어디든지 달려가 영화를 틀었다. 이것이 오늘날 '월드비전 어린이 후원 프로그램'의 시작이었다. 이러한 노력 덕분에, 미국 전역의 교회들은 한국 기독교 공동체의 생존과 한국 고아들의 미래를 바로 '그들 자신의 걱정거리'라고 생각하기 시작했다. 이 문제가 그들에게 매우 친숙한, 시급히 해결해야 하는 당면과제가 된 것이다.

또 다른 단체 '교회세계봉사 기구(Church World Service (CWS))'는 신자와 비신사자 모두에게 구호물자를 평등하게 분배하는 정책을 취했지만, 장기적으로는 기독교의 발전을 선호했다. CWS의 목표는 기독교적 사회복지 증진, 한국과 미국 사이의 그리고 한국과 서구 교회 간의 우의를 강화하는 것이었다.

그들의 희망은 미국의 기독교 모델에 바탕하여 새로운 한국을 만드는 것이었다. 선교사들은 한국의 기독교인들에게 구호물자만 제공한 것이 아니다. 일차적으로 구호 활동에 필요한 현지 인력으로 한국의 기독교인들을 채용했다. 그리고 그들이 미군과 한국정부 관계자들을 위한 통역관으로서 채용되는 것을 도왔다.

구호 기관들의 영향력과 한국 교회의 전도 활동에 힘입어, 기독교는 한국전쟁이 벌어지는 동안 그리고 한국전쟁 이후에도 계속해서 교세를 확장했다. 외국 자본은 휴전 후 한국 기독교 신자들을 위한 새로운 교육기회를 제공했고, 기독교 제도의 확장을 가능하도록 했다. 이러한 방식으로 기독교는 전후 한국에서 정치적, 경제적, 종교적, 사회적으로 상당한 영향력을 지니게 되었다.

선교사들의 구호 활동은, 특히 전쟁이 일어난 첫 번째 달에 엄청나게 중요한 역할을 했다. 다른 어떤 기관도 인식하지 못했을 때, 선교사들은 난민들에게 필요한 물자를 보급했다. 가장 먼저 이 활동을 시작했기에, 이후에도 그들은 구호물자를 모집하고 배급하는데 주도적인 역할을 담당했다. 이러한 활동이 한반도 내에서만 의미가 있었던 것은 아니다. 미국의 기독교인들이 오늘날 가장 유명한 자선 단체를 설립하거나 확장한 때가 바로 이 시기였다.

초만원을 이룬 난민 보호소에서 선교사들이 수행했던 역할도 중요했다. 앞에서 말한 것처럼, 군(郡) 단위로 목사를 제공함으로써 구호 활동과 난민 보호를 연계시켰다. 사람들은 교회를 실용적인 도움을 주고 심리적 평안을 주는 곳으로 인식하기 시작했다. 이것은 교회가 이전에 누렸던 것보다 훨씬 더 긍정적이며 대중적인 이미지였다. 전쟁 중/ 전쟁 후에 한국 교회들이 경이적으로(phenomenal) 성장한 배경이 바로 여기에 있다.

이 당시 미국 선교사들이 수행했던 일들은 정치적으로도 적지 않은 의미가 있다. 무엇보다도, 한국의 기독교 공동체는 공산주의의 확장을 막는 방파제이자 첨병 역할을 했다. 그리고 한국의 민족주의를 통합하는 데 있어 가장 두드러진 정치적 도덕적 세력으로 부상했다.

V.

인천상륙작전과 그 이후 선교사들과 보켈 선교사[25]

맥아더 장군의 지휘 아래에 있던 미국 극동사령부는 전쟁 상황을 극적으로 반전시킬 작전을 구상했다. 맥아더는 제2전선을 확보함으로서 부산에서 벗어나 수도인 서울을 되찾고자 했다. 한국의 많은 국민들은 간절히 열망했다, 미군이 서울과 가장 가까운 항구인 인천에 과감한 상륙 공격을 개시하기를. 그러나 인천 작전은 군사적 도박이었다. 해군의 상륙 전문가들은 이 작전을 비현실적이고 위험한 것으로 보았다. 그들이 예측한 성공 확률은 1/5,000 이었다. 맥아더는 주변의 부정적 평가에 구애받지 않고 상륙작전을 준비했다. 인천상륙작전(Operation Chromite)을 준비하는 동안, 미 해군에 3통의 재입대 신청서가 도착했다. 3명의 신청자 모두 한국태생이었으며 선교사의 자녀였다.[26] 그들 3명의 이름을 기억할 필요가 있다. 쇼우(William Shaw), 람프(Jim Lampe), 그리고 언더우드(Horace Underwood)였다(Haga, 2007).

2차 세계대전 당시 해군 장교로 복무한 이들은 모두 '인천의 소래 해변'을 오가며 소년 시절을 보낸 사람들이다. 그래서 인천 해안에 대해

---

25) 5장은 Haga, K. Y. A. 2007. (Ph. D Dissertation, College of William and Mary)의 박사학위 논문을 중심으로 재구성하여 정리 하였다.

26) 이들은 한국에서 태어난 2세대 선교사들(Korean-born second generation)이다.

아는 것이 많았다. 게다가 일제 때 한국에서 태어나고 자랐기에 영어, 한국어, 일본어에 모두 능통했다. 일본의 자문관, 한국군, 미군 장교들과 함께 일하는 데 아무런 언어 문제가 없었다는 뜻이다(Underwood, 2001). 이 세 명의 "Korea Kids(코리아 키즈)"들은 모두 터너 조이 해군 중장(C Turnrt Joy: 1895~1956. 훗날 휴전회담 유엔군 측 수석대표. 휴전회담의 경험을 기록한 『공산주의자들은 어떻게 협상하는가』라는 저서가 유명하다.)의 지휘를 받는 '코마베프' 정보 부서에서 근무하게 되었다. 그들은 인천상륙작전과 관련된 비밀임무를 수행했다(Haga, 2007; Underwood, 2001). 보켈 선교사는 '코리아 키즈'와 다른 방식으로 기여했다. 그는 인천상륙작전 때 미국 함대에 승선해 다시 한국으로 돌아왔다(이종만, 2010).

세 명의 코리아 키즈는 인천 상륙작전에서 혁혁한 공을 세웠다. 작전 내내 그들 모두는 상륙부대 사령부에 배치되었다. 그러나 그들은 직접 전투에 나설 수 없었다. 그들은 소중한 자원이었다. 그들의 임무는 상륙 주정(landing craft)을 안내하고 주정(舟艇)이 상륙할 때 상륙부대들을 인도하는 것이었다. 전투가 아니라, 상륙부대들이 상륙하는 과정에서 미군의 작전에 도움을 주는 것이 그들의 임무였다(Underwood, 2001; Haga, 2007). 1950년 9월 15일 새벽 2시부터 펼쳐진 인천 상륙은 이례적인 성공을 거두었다. 맥아더 장군의 인천상륙작전은 6시간마다 8-9m의 조수차이를 극복해야 하고, 인천항 외곽의 월미도를 먼저 점령해야 하는 어려운 작전이었다. 그렇지만 코리아 키즈의 도움으로 이 '군사적 도박'은 멋지게 성공할 수 있었다. 북한은 '미군이 인천에 상륙할 계획을 세웠으니 경계를 대폭 강화하라'는 마오쩌둥의 경고에도 불구하고 인천 항구를 지키지 못했다.

성공적인 인천 상륙 이후, 코리아 키즈는 서울로 이동하면서 서울 탈환 작전에도 기여하였다. 인천 상륙(1950년 9월 15일) 13일 후인 9월 28일 한국군과 미군은 서울을 수복했다. 이 과정에서 언더우드(Horace

Underwood)의 임무는 북한 전쟁 포로와 한국 민간인을 포함한 수십 명의 한국인들을 심문하며 서울에 있는 적군의 동태에 대한 정보를 수집하는 것이었다. 그러나 코리아 키즈 중 한 명인 쇼우는 미군을 따라 서울로 진군하는 도중, 서울 시내 인근에서 벌어진 녹번동 전투 때 전사하고 말았다. 쇼우의 사망은 그의 가족에게 뿐 아니라 미군과 한국 국민에게도 커다란 손실이었다. 그의 죽음은 자발적으로 군에 다시 입대해 전선에 나선 미국 선교사들이 한국 국민들과 미군들에게 어떤 존재였는지를 다시 생각하게 해주었다. 첫째, 쇼우를 비롯한 제복을 입은 아이들(kids)과 모든 선교사들이 한국 시민들을 위해 헌신했다는 점이다. 그들은 한국인들의 복지를 위해 자신들을 던졌다. 한국 국민들을 돕기 위해 군 당국에 '재입대'라는 특별한 요청을 한 것이다. 둘째, 위험에 빠진 무고한 사람들을 구하고 돕기 위해 그들이 보여준 용기와 종교적 신념은 동료 미국 병사들에게 커다란 영향을 주었다. 셋째, 쇼우의 죽음은 '선교사 군인'들의 전략적 가치가 얼마나 대단하고 소중한 것인지를 재평가하는 계기가 되었다. 쇼우의 전사 소식에 충격을 받은 해병대 사단장은 '그들의 몇 안 되는 언어 장교들이 최전방에 나가는 것을 원치 않았기 때문에' 언더우드를 사령부로 즉시 송환했다. 결과적으로, 이 결정은 언더우드를 살렸다. 왜냐하면, 미 해병대 병사들이 서울 탈환 작전에서 가장 많이 전사했기 때문이다(Underwood, 2001).

인천상륙작전 성공과 서울 수복 이후, 맥아더 장군은 미국 정부의 반대에도 불구하고 서울 탈환을 축하하는 기념식을 거행하기로 결정했다(Weintraub, 2000). 이로 인해 국무부와 맥아더 사이에 마찰이 생겼다. 국무부의 입장은 '대한민국 정부 행사에 미군 사령관이 참여하는 것을 반대한다'는 것이었다. 국무부의 반대에도 불구하고, 늘 그랬듯이, 맥아더는 이번에도 그의 방식을 취했다. 국무부 관리들은 마지못해 맥아더의 결정을 추인했지만, 장군에게 한국 정치에 관여하지 말라고 경고했다. 맥아더는 기념식 일정을 맞추기 위해 더 바쁘게 전투를 치렀다. 9월 29일, 맥아더 장군이 아직도 연기가 피어오르는 국회 의사당(현 서울시의회 의사당) 앞에서 서울 수도 탈환식을 거행하던 바로 그 시각에도 미국 해병대는 몇 블록 떨어진 곳에서 계속해서 북한군을 상대로 전투를 치르는 중이었다. 군사적인 관점에서 보면, 심각한 시가전이 벌어지는 한 가운데서 의식을 거행하는 것은 비현실적이고 심지어 위험하기까지 한 일이었다. 하지만, 정치적인 관점에서 보자면 이야기가 다르다. 맥아더는 수도탈환 기념식을 통해 미군과 한국군의 사기를 확실하게 드높였다(Haga, 2007).

기념식의 분위기는 정치적이라기 보다는 종교적이고 감성적이었다. '기념 예배'는 맥아더 장군과 이승만 대통령이 연단에 오른 정오에 시작되었다. 맥아더는 유엔군에게 '서울 수복은 신의 은총'이라는 제목으로 연설했다. 기념식에 참석한 사람들의 귀에는 여전히 포성이 들리고 있었다. 맥아더 장군과 이승만 대통령은 악수하며 서울 수복을 축하하고, 한국정부의 역할과 책임에 대해 강조했다.

이 의식은 미국 전역에 널리 보도되었다. 미국의 교회는 맥아더를 미국 역사 상 가장 위대한 기독교 장군의 하나라고 칭송했다. 일부 역사학자들은 지금도 이 의식을 비판한다. 한국인들에게 기독교를 강요한 식민주의적인 종교 행위로 해석하는 것이다. 이러한 주장에는 일부 타당한 측면이 있다. 하지만 이승만 대통령이 신실한 기독교인이었고 기독교인들이 한국 정치와 반공 운동을 주도했다는 점, 서울 탈환 기념식이 유엔과 한국군의 사기를 진작시켰다는 점 또한 분명한 사실이다. 서울 수복이 신의 의지라는 이승만과 맥아더의 연설은 전 세계에 중요한 메시지를 전달했다. 맥아더는 한국의 수도를 다시 적법한 통치자인 이승만에게 되돌려주며, 이대통령이 유엔의 기치 아래 서있는 공정하고 정의로운 군대의 지도자라는 사실을 전 세계에 알리고자 했다. 그 의식을 통해 맥아더는 한국전쟁이 무신론적 공산주의에 대항하는 종교적인 전쟁이며, 미군의 참전은 말하자면 현대판 십자군 원정이라는 상징적 사건임을 미국민들에게 보여 주었다. 1950년 9월 1일, 트루먼 대통령이 한국전 상황을 미국 시민들에게 보고할 때도 마찬가지였다. 트루먼은 한국을 구하기 위한 전쟁이 왜 필요한지를 설명하면서, '종교적 자유를 포함한 자유'라는 개념을 강조했다. 트루먼은 미국 시민들이 믿고 따르는 '자유'라는 개념 속에는 깊은 종교적인 뿌리가 있으며, 미국 국민들이 '이웃의 복지를 걱정하고 서로 도우라는 하나님의 명령 하에' 있다고 믿었다. 이런 관점에서 서울수복 기념식이 식민주의적 행위였다는 주장에 동의할 수 없다. 공산주의자들은 미국이 한국을 점령하거나 한국 국민과 재산을 파괴하려는 의도가 있다고 선전했지만, 미국은 그런 의도가 전혀 없었기 때문이다(Haga, 2007).

인천에서의 승리 후 유엔군은 북한으로 진격했다. 그때, 특히 제2차 세계대전 전에 북한에서 근무했던 선교사들이 뒤를 따랐다. 1950년 10월 1일 한국군 3사단 23연대 3대대가 강원도 양양 지역에서 최초로 38선을 돌파한 이래 유엔군은 북으로 총진격했고, 중공군의 참전으로 1951년 1월 4일 작전상 후퇴하기까지 북한 지역에 머물렀다. 선교사들은 유엔군이 북한을 잠시 점령하는 동안 주민들에게 여러 가지 도움을 주었다. 그리고 이후 뒤이은 후퇴 작전 당시, 그들은 유엔군에게 수십만 명의 난민들을 수송해야 한다고 압력을 가했다. 선교사들에게는 권한이 없었다. 하지만, 시민들을 구하려는 그들의 열망은 권력을 가진 사람들에게 깊은 인상을 남겼다. 그들의 활동은 유엔군이 역사상 가장 큰 규모로 민간인 대피에 도움을 주도록 만드는데 결정적이고 주요한 역할을 했다. 민간인 대피로 얻는 군사적 이득은 없었겠지만, 이 결정은 훗날 훌륭한 심리학적 무기로 판명되었다. 그리고 군인들에게는 왜 '이 전쟁에 참전해 싸워야 하는가'라는 질문에 대한 대답을 주었다. 군인들이 민간인 대피 작전에 적극적으로 나선 일은 자유 세계의 시민들에게도 큰 울림을 남겼다. 고향을 떠나 삶의 뿌리가 흔들릴수도 있다는 사정을 알면서도, 자유세계를 향해 남쪽으로 내려온 피난민들의 숫자는 공산주의를 택해 북으로 간 사람들에 비해 16배나 많았다. 이것은 체제를 선택할 자유가 주어진다면 사람들이 공산주의보다 자유를 선택한다는 명백한 증거였다.

역사학적 측면에서 볼 때, 한국전쟁 당시 미군이 38선을 넘기로 한 결정은 아직까지도 논란이 되는 이슈다. 트루먼 정부 내에서는 중국이나 소련이 개입할 분명한 징후가 없는 한 한국을 통일할 의사가 있었다. 트루먼 대통령은 1950년 8월 27일 38선 이북으로의 진군을 승인했다. 미국이 유엔의 승인을 얻는 데는 또 한 달이 걸렸다. 10월 7일, 유엔은 "한국 전역의 안정적인 상황을 보장하기 위한" 결의안을 통과시켰다. 이 결의안은 유엔군이 38선을 넘는 것을 허가했다. 미국의 여론도 이 결의안에 대해 호의적이었다(Chay, 2002).

유엔군이 북진하던 당시의 상황으로 돌아가 보자. 기독교인들과 북한 출신 피난민들은 북진에 대해 특히 목소리가 높은 지지자들이었다. 피난민들이 고향으로 돌아가기를 열망한 반면, 기독교인들은 '한국의 기독교 수도'라 부리던 '평양'을 수복하길 원했다. 10월 1일, 유엔의 최종 결정을 기다리지 않고, 맥아더 장군의 허락 하에 이승만 대통령은 북진을 명령했다. 국군과 유엔군은 진군을 계속, 10월 10일 원산, 10월 17일 함흥, 10월 27일에는 북한과 중국의 국경에 도달했다.

10월 중순, 리처드 언더우드(Lt. Richard Underwood)선교사와 보켈 선교사(Rev. Harold Voelkel)도 유엔군과 함께 평양에 도착했다. 보켈 선교사는 강한 평양 사투리로 한국어를 말할 수 있었다. 선교사들과 피난민 교회 지도자들의 평양 방문은 북한의 기독교도들에게 희망을 가져다주었다. 10월 29일 특별한 예배가 평양 서문교회에서 거행됐다.

하워드 마펫에 의하면 선교사들과 피난민 목사들은 더할 나위 없이 열정적이었다. 그것은 감동적인 예배였다. "사람들이 교회에 꽉 들어찼다. 글자 그대로, 발 디딜 틈이 없었다. 예배당 안에 더 이상 공간이 없어 수 천 명이 돌아갔다." 많은 미군과 군목들은 일요일 평양 거리가 '성경과 찬송가를 들고 다니는 사람들'로 덮여 있는 것을 보고 깜짝 놀랐다. 선교사들은 유엔군 병사들을 교회로 초대했고, 그들은 북한 주민들과 함께 나란히 앉아 예배를 드렸다(Haga, 2007).

선교사들은 외국 기자들이 평양에 들어와 취재를 하고 기사를 작성하는 일을 도왔다. 종군기자 특파원의 대부분은 미국 선교사들의 공헌을 인정했고 북한에 있는 기독교 교회들의 영향에 대한 긍정적으로 보도하였다.

비록 기독교 인구의 30%~40%가 공산주의 당국에 수동적으로 협력하기는 했지만, 기독교 인구는 북한에서 가장 강력한 반공산주의 세력으로 인정받았다.[27] 《기독교 세기(世紀) (Christian Century)》라는 매체는 특히 한국에서의 기독교 발전에 관심이 많았다. 초교파 잡지인 《기독교 세기》는 한국 교회 재건을 위해 장로교와 감리교 사이의 협력을 촉구하였다.[28]

이러한 도전과 더불어, 미군은 북한 점령 지역의 관리를 위해 선교사들과 한국 기독교인들이 제공하는 도움을 환영했다. 보켈 선교사는 유엔을 위해 일할 반공주의자들을 찾기 위해 다양한 기독교 공동체에게 도움을 청했다. 평양의 기독교인들은 유엔군을 열렬하게 지지했다. 그러나 원산과 같은, 기독교인의 숫자가 많지 않은 곳에서는 분위기가 달랐다. 주민들은 보복을 두려워했다. 만약 공산주의자들이 다시 돌아온다면, 유엔군에 협력한 것은 '공산당에 대한 반역행위'가 될 것이기 때문이었다.[29] 그렇

27) "Carrots and Radishes," TIME, 13 November 1950.

28) Garland Evans Hopkins, "Korea's Effect - Plus and Minus" (editorial correspondence), The Christian Century LXVII (15 November 1950): 352-353.

29) Letter from Chaplain Voelkel, 19 November 1950, Presbyterian Church Archives, Record Group 140, Box 18, Folder 15. See also Clark, Living Dangerously in Korea, 387, 390.

다 해도, 북한의 기독교 공동체는 여전히 유엔군을 환영하는 가장 열렬한 지지자였다. 선교사들은 유엔 군사 정부에 근무하면서, 기독교 공동체에 물질과 보호를 제공했다.

선교사들이 북한 주민을 보호한 사례는 많다. 먼저, 유엔군에 의해 스파이로 오인되어 감금된 기독교인들을 석방하는 노력을 했다. 공산주의 게릴라들의 활동이 활발했기 때문에, 많은 북한 민간인들이 공산주의자로 의심을 받고 체포되었다. 군목으로 복무하던 보켈 선교사는 조사과정의 오류로 인해 전쟁포로로 분류되어 수감된 민간인들을 풀어주는 역할을 수행했다. 평안도 안주에서는 18명의 기독교인들이 몇 점의 소련 무기를 소유하고 있었다는 이유로 게릴라로 오인되어 수감된 일이 있었다. 진실은 이 남자들이 게릴라들에 맞서 마을을 지키기 위한 지역 방위군이었다는 것이다. 보켈 선교사가 이 사실을 보고하자마자 이들은 즉시 석방되었다(Haga, 2007).[30)]

인천상륙작전 때 한국에 돌아와 북한 점령지에서 헌신적으로 활동한 보켈 선교사는 당시 자신이 겪은 일을 자서전에서 다음과 같이 회고하였다.

> 1950년 6월 공산군이 남한을 공격했을 때, 나(보켈)는 우리 선교회 소속 다른 멤버들과 함께 일본으로 피난을 갔다. 일본에서 미국 극동사령부(American Far Eastern Command) 군목(Chaplain)으로 초대되어 짧은 시간 안에 종군군목(從軍軍牧)이 되도록 속성으로 훈련을 받았다. 그리고 한국으로 급히 파병되는 미군 부대에 배치되었다. 나는 9월, 쉬쉬하면서 조용하게 진행된 인천상륙작전에 맞춰 한국에 돌아왔다. 뉴스에 의

30) Letter from Chaplain Voelkel, 5 November 1950, Presbyterian Church Archives, Record Group 140, Box 18, Folder 15 – Presbyterian Historical Society, Philadelphia.

하면, 인천상륙작전은 역사상 가장 비밀리에 진행된 작전이었다고 한다. 인천 상륙 며칠 후, 나는 한국군들 사이에서 전투하고 있는 나 자신을 발견하였다. 피난을 떠날 당시 나의 집이 있었던 서울에서 벌어진 시가전이었다. 전투는 치열했지만 짧았다. 곧 나는 수도서울에 입성했다. 서울은 상당히 많이 파괴되었다. 아이러니하게도 대부분 미군의 전투기와 탱크 그리고 총에 의해서.

승전이 거듭되는 동안 전장을 방문하게 될 기회가 찾아왔다. 내게 많은 포로들이 잡혔다는 소식이 들렸다. 그들과 접촉하는 것은 나에게는 쉽지 않은 도전이었다. 해방 몇 년 전 일본이 지은 인천의 큰 감옥이 임시 포로수용소로 사용됐다. (한국어를 할 줄 아는) 군목이었기 때문에, 군 당국은 나에게 수용소로의 접근을 허락했다.

첫 방문지는 병원으로 사용되는 건물이었다. 나는 부상당한 끔찍한 사람들을 목격하는 일을 할 마음의 준비가 되어있지 않았다. 하지만 세브란스 병원 출신의 선교회 소속 의료진들은 아무렇지도 않게 전쟁 부상자들의 고통을 경감시켜주고 있었다.

(인천 상륙작전) 몇 주 만에 북한의 수도인 평양이 함락(fell)되고 나에게 그곳에 갈 수 있는 트레일러와 지프가 제공됐다. 평양은 '기독교 수도'라 불리고 세계에서 가장 큰 '선교지부(mission station)'가 있었던 도시다. 남녀 중학교와 대학교, 성경조직, 신학교, 큰 집회 그리고 빠르게 성장하는 활기찬 교회가 있었던 곳이다. 그러나 4년 간의 2차 세계대전과 5년 간의 소련 군정의 통치 기간 동안, 평양은 미국인 선교사들에게 '갈 수 없는 땅'이었다. 우리는 9년 만에 처음으로 한국의 형제들을 만날 기회를 가진 것이다.

평양에서 나는 포로들이 많이 잡혔다는 소식을 들었다. 그래서 그들이 수감 되어있는 곳을 찾아 그들을 방문하기 시작했다. 그들은 강 건너 거대한 창고에 수용되어 있었다. 평양의 포로수용소는 인천의 수용소와 거의 유사했지만 다른 점이 있었다. 그곳에는 시체의 부패하는 냄새가 가득했다. 죽은 공산군의 시체, 배수로 등에 던져진 시체...우리 선교사들은 수용소에 많은 목사들이 갇혀있을 것이라 확신하고 있었다. 나는 약 5천 명의 포로들이 평양 동쪽에 있다고 추정했다. 그들은 모두 겁에 질려있었고 배고파 보였으며 다 낡은 옷을 입고 있었다. 그들은 처음에 미군복을 입고 한국말을 하는 미국인인 나를 보고 놀랐다. 그러나 내가 선교사라는 것을 알고 곧 안심했다. 나는 그들과 함께 찬송하고 성경을 낭독했다. 나는 다음 건물로 이동하며 포로들과 만남을 계속했다. 그곳에는 10 채의 건물이 있었다. 나는 기뻤다.

평양에서 2주 동안 일한 뒤, 나에게 북동 지방 '함흥'으로 가라는 명령이 하달됐다. 나는 군목을 사임하는 한이 있더라도 계속 평양에 남아있고 싶었다. 그러나 이후로 전개된 일들을 생각하면, 그것은 현명하지 못한 생각이었을 것이다.

1950년 말 중공군의 개입은 한국전쟁의 양상을 빠르게 바꿔 놓았다.

VI.
함흥과 흥남철수와 보켈 선교사[31)]

북한을 구하기 위해 군대를 파견하기로 한 마오쩌둥의 결정은 한국전쟁의 흐름을 빠르게 바꿔놓았다. 중국은 유엔을 공포에 빠뜨리기 위해 인간의 파도 즉 인해전술(人海戰術)을 이용했다. 무기나 전술보다 병력의 수적인 우세로 적을 압도하는, 말하자면 사람 자체를 소모품으로 사용하는 무지막지한 전술이다. 중공군은 유엔군의 시들어가는 화력에 맞서 소리를 지르고 고함을 지르며 수 백, 때로는 수 천의 병력을 보냈다. 많은 유엔 병사들이 전쟁의 잔인함과 엄청난 인명 손실에 충격을 받고 사기가 떨어졌다. 유엔군이 더 강력한 화력을 보유하고 있었고 거의 도전을 받지 않을 정도의 확고한 제공권의 우위를 누리고 있었음에도 불구하고, 육군은 적군의 수에 압도당했다. 추운 날씨에 무기가 제대로 작동하지 않는 것에도 병사들은 좌절했다. 중국은 한국전에 총 25만 명을 파병했다. 유엔군의 전투력을 유지하기 위해, 사령관은 미 8군과 10군단 모두에게 즉시 철수할 것을 명령했다. 12월 3일, 제8군은 평양으로부터, 10군단은 함흥으로부터 완전히 후퇴하기 시작했다(Haga, 2007).

31) 6장은 Haga, K. Y. A. 2007. (Ph. D Dissertation, College of William and Mary)의 박사학위 논문 및 보켈 저서(1953, 1958)를 주로 중심으로 재구성하여 정리 하였다.

한국전쟁의 갑작스러운 반전(反轉)은 많은 친미(親美), 반공주의자(反共主義者)들을 실망시켰고 특히 유엔에 적극적으로 협력했던 사람들을 실망시켰다. 기독교인들은 유엔 점령군과 밀접하게 일해 왔기 때문에 특히 위험에 처했다. 미국 선교사들은 기독교 친구들을 걱정했고, 기독교 지도자들을 남쪽으로 대피시키기 위한 '하트 브레이크 작전'을 계획했다. 기독교 지도자들과 그들의 가족들을 가득 태운 트럭들이 남쪽으로 보내졌다(Haga, 2007).

공산주의자들은 후퇴하면서 대동강의 다리를 파괴했다. 다리가 끊어진 상태여서 사용이 불가능 했기에, 평양에 살던 기독교 피난민들은 위험을 무릅쓰고 직접 강을 건너야 했다. 무너진 대동강 다리 옆에는 유엔군이 탱크와 군용 차량들이 건널 수 있도록 임시 부교를 설치했지만, 난민들은 이 다리들을 사용할 수 없었다. 선교사들은 기독교인들의 탈출을 돕기 위해 이들이 이 부교를 이용할 수 있도록 도움을 청했다. 유엔군의 협조로 그들은 임시 부교를 통해 무사히 탈출에 성공했다.

마펫 중위(Lt. Moffett)는 제5공군이 평양을 떠날 때 그들과 함께 그 도시를 떠날 수 있었다. 하지만 난민들을 돕기 위해 그는 더 오래 그곳에 머물러 있기로 결심했다. 마펫 중위는 1950년 12월 5일, 도시가 공산주의자들의 손에 다시 넘어가기 전에, 대동강을 가로지르는 임시 부교(pontoon bridge)에 승용차 편으로 한국인들이 통행하도록 허가 했다. 얼마나 많은 사람들이 평양을 떠났는지, 혹은 기독교인들이 얼마나 많은 사람들을 피난시켰는지에 대한서는 정확한 데이터가 없다. 하지만, 백만 명이 넘는 피난민이 남쪽으로 향한 것으로 추산되었다.[32] 대동강을 건널 수 없었던 난민들은 강을 건너는 배를 잡거나, 강을 건널 수 있는 행운이 찾아오기를 바라며 강변을 따라 서쪽 진남포로 이동했다.

32) Gertrude Samuels, "Korea's Refugees – Misery on the March," New York Times, 11 February 1951, 156.

한국에 파송된 선교사의 아들로 태어난 람페(Jim Lampe) 중위의 임무는 군대와 물자의 탈출 및 후송을 지휘하는 것이었다. 평양 외국학교를 다니며 고등학교 시절을 평양에서 보낸 람페 중위는 전황의 악화와 북한에서의 후퇴 결정이 비통했다. 그럼에도 불구하고, 그가 할 수 있는 일은 거의 없었다. 부두의 상황은 정돈되어 있지 않았고 몹시 혼란스러웠다. 흥남 항구에서 철수를 위해 6,000명이 기다리고 있었다. 약 1,700명의 미군 병사와 항만에서 일하던 한국인 군속(軍屬)과 부상병, 공무원, 북한 당국이 핍박했던 정치범, 경찰 그리고 보이 스카우트를 포함한 숫자였다. 하지만 항구에는 이들 외에도 더 많은 사람들이 있었다. 약 5만 명 정도의 난민이 남쪽으로 피난할 길을 찾아 부두로 몰려들었다(Field, 2001).

그 당시에는, 정확히 몇 척의 함선이 오는지, 지원군이 공황에 빠진 난민들을 피난시킬 수 있는지를 알고 있는 장교가 아무도 없었다. 한국해군이 제공할 수 있는 것이라곤 100척의 소형 선박이 다였다. 부산까지 5만 명을 실어 나르는 것은 불가능했다. 그래도 사람들이 걸어서 남쪽으로 이동할 수 있도록, 강을 가로질러 2만 명의 피난민을 운송하는 노력이 이루어졌다.

람페 중위는 미군이 흥남 항구를 떠나기 전에, 가능한 한 많은 한국 민간인들을 대피시키기 위해 열심히 일했다. 그러나 시간은 부족했고, 여건은 미비했다. 람페는 주민들에게 피난처를 제공하며 자신의 철수 날짜를 연기하면서까지 고군분투했다. 최후의 순간까지 더 많은 사람들이 부두로 밀려들어 왔다. 그는 피난민 모두를 구하는데 실패한 것을 한탄하며 미군 수송선에 올랐다(Field, 2001; Clark, 2003).

또 다른 군사적 대피 작전이 원산에서 진행되었다. 이 결정은 흥남 철수에 비해 좀 더 이른, 1950년 12월 2일에 내려졌다. 보켈 선교사는 원산 철수 명령이 발령되었을 때 현지에서 교회를 방문하고 있었다. 원산은 그의 아내의 출생지였다.

한국의 초대선교사 중의 하나이며, 함경도 원산 명석동교회의 설립자 스왈론(Swallen) 선교사의 사위인 보켈 선교사는 원산의 기독교 공동체로부터 따뜻한 환영을 받았다. 원래 계획은 원산에서 1주일 정도 머무는 것이었다. 하지만 중공군의 전면적인 개입에 이은 철수 명령에 따라 그의 계획도 중단되었다. 원산에 있는 친구들을 돕지 못했다는 사실이 보켈을 우울하게 만들었다. 그는 전쟁터에 남아 한국군, 전쟁포로 그리고 함흥과 흥남지역의 기독교 공동체를 도와줄 방법을 찾고 있었다(Haga, 2007).

원산에서는 한국 해병 대대의 최소한의 병력과 장비를 제외하고 12월 7일까지 모든 유엔 병력이 철수했다. 한편, 부두의 난민 숫자는 12월 7일에서 12월 9일 사이에 급격히 증가했다. 미 해병대는 이렇게 많은 난민들이 유입될 것으로 예상하지 못했다. 난민들이 이용할 수 있는 운송선은 단 한 척뿐이었다. 약 7,000명의 난민이 운송선에 탑승했다. 사람들을 더는 수용할 수 없을 때까지 태운 것이다. 많은 사람들이 뒤에 남겨져야 했다. 그들 중 몇몇은 해안을 따라 걸어서 흥남으로 남하했다(Haga, 2007).

함흥은 북한의 또 다른 정치적 산업적 중심지로, 흥남에서 약 10마일 떨어져 있었다. 10군단 본부가 10월 말에 설립된 곳이기도 하다. 함흥시는 함경도의 도청소재지로, 북한에서 가장 서구화된 도시들 가운데 하나였다. 당시 인구는 약 100,000명 정도였다. 캐나다 장로회의 한국 본부가 그곳에 있었다. 유엔군이 함흥을 접수했을 때, 미국인들은 많은 함흥 시민들로부터 열렬한 환영을 받았다. 언더우드(Lt. Richard Underwood)도 많은 시간을 함흥에서 보냈다. 보켈 선교사도 군종단(Chaplain Corps)에서 한국군과 전쟁포로들을 돕는 일을 수행하고 있었다.

12월 초, 유엔군의 후퇴 계획 소식이 알려졌고, 함흥지역의 많은 사람들이 당황했다. 기독교인들, 지방 정부 관리들, 그리고 유엔군에 협력했던 사람들은 공산주의자들이 돌아왔을 때 자신들이 처형당할 것이라고 확신했다. 기독교인 공동체 회원들은 12월 5일 보켈 선교사를 찾아와 그들의 사연을 눈물로 호소하였다. 그리고 3,000여명의 함흥 기독교인들을 대피시키기 위해 군 당국으로부터 허가를 받아달라고 부탁했다.[33] 보켈 선교사가 그들의 절망을 이해하고 도움을 주고 싶어 했던 것은 확실하다. 하지만, 보켈 선교사가 그들에게 어떤 확답과 확신을 주기 어려웠다는 점 또한 확실하다.

알몬드 장군(General Almond)은 피난민을 모두 돕는 것은 현실적으로 어렵다고 판단했다. 하지만 함흥 기독교인들의 탄원에 동정심을 보였고, 본부에 연락해 맥아더 장군과 이 문제를 논의하기로 약속했다.[34] 12월 9일, 미군이 충분한 배가 없다고 공식적으로 발표하자 희망이 사라졌다. 함흥에서 철수하는 최종 시한은 12월 15일로 정해졌다. 함흥 홍남간 주요 도로는 군사수송을 위한 작전이 진행 중이어서 피난민들이 이용할 수 없었다. 그때 한줄기 좋은 소식이 들려왔다. 함흥 철수 마지막 날인 12월 15일의 일이다. 알몬드 장군이 '밤 기차를 이용해서 5천 명의 난민들을 함흥에서 홍남까지 피난하도록 돕겠다'고 말한 것이다. 이 열차에는 한국 기독교인들을 위해 특별히 1,000명 분의 탑승공간이 마련될 예정이었다. 홍남까지의 열차 편은 마련되었지만, 이것이 피난민들의 한국행을 보장한 것은 아니었다. 미군에게는 피난민 모두를 남쪽으로 수송할만한 배가 없었기 때문이다. 어느 누구도 홍남에서 한국까지의 수송을 보장할 수 없었다는 뜻이다. 그래도 함흥에 남아 있는 것보다는 홍남까지 가는 편이 자유를 찾아 남쪽으로 갈 수 확률이 더 높았다.

---

33) Letter from Chaplain Harold Voelkel, 6 December 1950, Presbyterian Church Archives, Record Group

34) Ibid.

보켈 선교사는 함흥에 있는 모든 개신교 교회를 방문해 그들에게 '홍남까지 가는 열차 편이 마련되었다'는 '좋은 소식'을 전해 주었다. 당시 함흥에서는 공산주의자들의 침투를 통제하기 위한 통행금지가 시행되고 있었다. 보켈 선교사는 회중들 각자가 기차역으로 가는 대신, 8시 이전에 일단 교회로 모이라고 알렸다. 보켈 선교사는 헌병대 대령인 헤몬드(Hammond)에게 기독교인들의 홍남까지 피난 계획을 알리고 협조 요청을 부탁했다. 헤몬드 대령은 여동생을 순교로 잃은 경험이 있어 기독교적 대의에 큰 동정심이 있었다. 그는 헌병들에게 피난민을 향해 발포 하지 말도록 명령하고, 2명의 호송 군인도 지원해 주었다(Voelkel, 1953).[35]

자정 무렵까지, 함흥역에 약 50,000명의 사람들이 몰려들었다. 알몬드 장군이 제공하기로 약속한 열차의 탑승 정원보다 10배나 많았다. 그들은 모두 공산당을 피하고 싶어서 모인 사람들이었다. 기차의 제한된 수용 능력을 감안할 때, 모두를 태우고 갈 수는 없었다. 이러한 사실은 군인들에게 커다란 도덕적 딜레마를 만들었다. 결국 공산주의자들이 돌아왔을 때 죽임을 당할 사람들이 먼저 열차에 타야 했다. 과반수가 넘는 사람들은 열차에 탈 수 없었다. 헤몬드 대령과 그의 헌병장교들은 난민들을 선별하는 임무를 맡았다. 그의 부하들이 역에 몰려든 사람 가운데 기독교 신자들을 수소문해 열차에 태웠다. 이 작업을 수행하는 데만 4시간이 걸렸다.[36] 이 열차는 홍남으로 가는 마지막 기차였다. 여기에 실려 간 난민들의 숫자가 정확히 얼마인지는 분명하지 않다. 확실한 것은 정원보다 훨씬 더 많은 사람들이 이 열차에 탑승했다는 사실이다. 홍남으로 가는 주요 도로로는 이동할 수 없었지만, 항구로 가는 모

---

35) Letter from Chaplain Harold Voelkel, 6 December 1950, Presbyterian Church Archives, Record Group 140, Box 18, Folder 15 – Presbyterian Historical Society, Philadelphia.

36) ibid.

든 길이 완전히 막힌 것은 아니었다. 기차에 오를 수 없었던 사람들은 걸어서 홍남으로 피난길을 올랐다.

함흥에서 홍남으로 피난을 떠나는 이날의 과정을 보켈 선교사는 다음과 같이 묘사했다.

> 1950년 11월 말, 우리는 원산 병영의 군목실에서 대령인 군목의 요청으로 개최된 회의에 참가하였다. 그 자리에서 그는 우리에게 250만 명의 중국군 병사들이 국경을 넘었다는 사실을 알렸다. 그리고 나에게 속히 함흥으로 되돌아가라고 권유하였다. 미군은 철수하기로 결정했고 이미 수천 명의 군인들과 끝이 보이지 않는 트럭과 탱크의 행렬이 함흥을 거쳐 부두 쪽으로 이동하고 있었다. 한국 사람들은 무엇인가 좋지 않은 일들이 발생했다는 것을 직관적으로 느꼈을 것이다. 나는 미군 군대와 연결되어 있었다.
>
> "무슨 일인가요?" "우리가 떠납니다." 한국 사람들과 나는 6주 동안 친밀하고 따듯한 교제를 해오고 있었다. 나는 '군에 고용된 민간인'이라는 내 신분과, 한국군과 전쟁포로를 돌보는 것이 나의 역할임을 상기시키면서 나의 권한과 권위가 부족함을 알렸다. 그리고 한국인들을 설득하려 애썼다.[37] 군대 내 소통창구인 군종단(Corps Chaplain)을 통해 나는 알몬드 장군에게 내 희망 사항을 전달하고 요청할 길이 있었다. 처음에는 민간인 군목인 내가 한국인들의 호소를 공식적으로 전달하는 것에 주저하였다. 시간이 없었기에, 나는 내 상관인 군목(軍牧)에게 한국인 기독교인들이 처한 상황과 처지에 대해 기꺼이 보고하였다. 상황은 급박했다. 민간인은 고사하고, 모든 미국 군인들과 장비들을 무사히 탈출시킬 수 있을지도 미지수였다. 수일 동안 나는 육군 부서들을 찾아

37) 보켈 선교사는 한국군과 전쟁포로를 맡아 사역하는 미군소속 민간인 군목이었기에 군목이지만 권한이 없었다.

호소하였다. 다소 미온적인 호소였다. 부정적인 대답이 들려올 것 같았고 질책을 받을 것 같다는 느낌을 받았기 때문이었다. 하지만 기적이 일어났다. 함흥에서의 탈출 시한이 다음날 오전 6:00로 정해진 날이었다. 중공군들이 점점 가까이 다가오고 있었고 이미 함흥 외곽에 도착한 상태였다. 몇 시간 안에 모든 미군과 장비들이 철수하기로 되어있었다. 북한 기독교인들을 위해 마지막으로 호소하기 위해 군종본부가 있는 건물에 들어갔을 때 한 한국인 의사가 나에게 말했다. "하나님이 우리의 기도에 응답하셨어요." 그는 나에게 놀라운 소식을 알려주었다. 기독교인들의 어려움과 그들이 야만적인 공산군들에게 표적이 될 수 있음을 알고, 부사령관의 마음이 움직였다는 것이다. 부사령관(알몬드 장군)은 10칸이 달린 화물열차를 제공하여 피난민들이 미군과 함께 홍남으로 철수할 수 있도록 조치했다. 기차 1칸 당 백 명이 탈 수 있었고 그들 모두를 함흥에서 홍남부두로 이송할 수 있었다. 홍남에서는 군함을 통해 남한으로 이동할 예정이었다.

12월 15일 어둠이 깔리고 난 후, 밀고자(curfew)에 대한 위험 때문에 엄격한 통행금지가 실시되었다. 순찰을 서는 군인들에게는 명령불복자에 대한 공격명령이 주어졌다. 이러한 상황에서 기독교인들을 기차역으로 모으는 일 자체가 쉬운 일이 아니었다. 첫 번째 연락은 헌병사령관으로부터 왔다. 미군 헌병 2명에게 기독교인들을 칠흑 같은 어둠속에서 선로까지 안전하게 보호하도록 명령했다는 통지였다. 그때 시각이 저녁 6시 30분이었다. 우리는 함흥 전체를 돌아다니며 8개 교회의 신자들을 각각의 교회마당에 집결하도록 전달해야 했다. 남은 시간은 2시간 30분이었다. 신자들은 일단 교회마당에 모였다가, 미군의 보호 아래 기차역까지 이동해야 했다. 그 긴박했던 순간에, 각 교회의 교인들과 리더들을 잘 알고 있는 집사들이 내 차에 함께 탈 수 있었다는 사실에 지금도 감사한다. 그들의 도움이 없었다면, 2시간 30분 내에 우리는 임무를 안수할 수 없었을 것이다. 철도역 구내에서의 혼란은 말로 표현할 수 없는 상황이었다. 함흥의 당시 인구는 10만 명이었다. 나는 피난을 떠나지 못한 인근 지역의 모든 사람들이 우리와 함께 열차를 타기 위해 그날 밤 역으로 모여들었다고 확신한다. 나는 거의 자정까지 기차역에 남아 있었다. 다음날 아침, 헌병대령이 탑승 절차에 대해 설명했다. 한국의 기독교인들을 위해 우리는 티켓을 발급했었다. 대령은 그 티켓을 가지고 있는 사람들이 열차에 오르기 전 세 번의 체크를 받아야 한다고 말했다.

이 열차는 하나님의 은총이었다. 이 열차에 탑승했던 모든 함흥 피난민들은 홍남에서 배를 타고 거제도에 내릴 수 있었다. 포로수용소가 있는 곳이었다. 피난민들은 그곳에서 17개의 교회를 건설하였다. 그렇다. 하나님이 응답하신 것이다(Voelkel, 1953).

현봉학(1922~2007) 박사[38]는 한국인 의사이자 교수로, 흥남 철수 당시 알몬드 10군단장에게 북한 주민의 탑승을 요청해 9만 8천 여 명의 피난민을 살려낸 인물이다. 알몬드 장군은 현봉학 박사의 호소에 감동해 결단을 내렸다. 군수물자를 폭파하고, 군수물자를 실었어야 할 공간에 피난민을 태운 것이다. 당시 상황에 대한 현봉학 박사의 증언은 피난민들의 절박함과 처절함을 보다 상세하게 전하고 있다.

전(全)전선에서 한미연합군이 퇴각하자, 도지사와 시장까지 임명해 해방 무드를 느끼던 함흥의 분위기도 하루아침에 오그라들었다. 이때 함흥 남쪽에 있는 원산에 적 게릴라 부대가 출몰한다는 소식이 들려왔다. 그러자 알몬드 10군단장은 원산을 거쳐 육로로 철수하는 것을 포

38) '한국판 쉰들러' 현봉학(신동아, 2001년 4월호) https://shindonga.donga.com/3/all/13/101021/1

기하고 장진호에서 철수해오는 미군과 청진 쪽에서 내려오는 한국군을 홍남으로 집결시켜, 배로 빼낸다는 계획을 세웠다. 그와 동시에 미 10군단 사령부를 함흥에서 홍남으로 옮기기로 결정했다.

이 소식을 들은 현봉학은 섬뜩한 위기를 느꼈다. '한미연합군이 철수해 버리면 이 지역이 해방됐다고 좋아하던 함경도민들은 어떻게 될 것인가? 미 10군단이 철수하면 이들에게는 죽음만 남을 뿐이다.' 이런 생각을 한 현봉학은 알몬드 군단장을 만나 "함경도에서 우리를 도와준 인사와 기독교인들도 함께 철수시켜야 한다. 이곳을 피바다로 만들지 않으려면 이들도 함께 철수시켜야 한다."고 미친 듯이 설득했다.

알몬드 소장도 고민에 들어갔다. 그러던 어느 날 알몬드 군단장이 현봉학을 불렀다. 10군단 부참모장 포니 대령과 민사부장 무어 대령, 그리고 한국군 1군단장 김백일 소장이 모여 있는 자리였다. 알몬드 군단장은 "UN군을 도와준 한국인과 기독교인들을 홍남으로 철수시킨다. 오늘 밤 12시 전까지 4,000여 명의 한국인을 기차에 태워 홍남으로 데려갈 테니 함흥역으로 나오게 하라"고 말했다.

그 순간 현봉학은 어둠 속에서 한 줄기 빛이 내리 꽂히는 듯한 희망과 함께 '이 짧은 시간에 어떻게 연락한단 말인가'하는 아찔함을 동시에 느꼈다. 그러나 고민하기엔 시간이 너무 없었다. 그는 미 10군단 군목(軍牧)인 클리어리(Cleray) 신부에게 "가톨릭 교인들은 밤 12시 전까지 함흥역으로 모이라고 연락해 달라"고 부탁했다. 그리고 그는 개신교 군목인 옥호열(베켈 선교사의 한국 이름) 목사의 지프를 타고 시청·도청 그리고 함흥 시내에 있는 교회를 돌며 "오늘밤 12시까지 함흥역으로 나오라"고 소리쳤다.

시기가 시기이니만큼 현봉학의 외침은 날개를 단 듯이 퍼져 나갔다. 그날 밤 4,000명이 아니라 함흥 시민의 절반에 해당하는 5만여 명이 함흥역으로 몰려든 것이다. 그는 미 10군단에서 받은 빨간 딱지를 관공서와 교회에 나눠 줬었는데, 빨간 딱지를 가진 사람만이 함흥역으로 들어와 기차를 탈 수 있었다. 빨간 딱지가 없는 사람은 미군 헌병들에게 막혀 역으로 들어올 수가 없었다. 새카맣게 운집한 군중을 보며, 현봉학은 수 많은 사람들의 생살여탈권이 자기 손안에 들어와 있음을 느끼고 전율했다.

이때 그는 미군 헌병을 도와 질서를 잡아주고 있던 함흥고보 동창 최승혁을 보았다. 잠시 다른 일을 하던 현봉학은 뒤늦게 '그는 빨간 딱지가 없다. 그러나 저 친구만은 기차에 태워야 한다'고 생각하고 최승혁을 찾았다. 그러나 이때 최승혁은 미군 헌병에 밀려 거대한 군중 속으로 빨려 들어가고 있었다. 끝내 그는 기차를 타지 못했다. 이러한 소동을 겪으며, 자정에 떠나기로 한 기차는 새벽 2~3시쯤에야 우여곡절 끝에 함흥역을 출발했다. 탑승자는 5000여 명이 넘는 듯, 기차 지붕 위에도 빼곡히 사람이 올라가 있었다.

함흥에서 홍남까지는 30리 남짓한데, 몸이 무거운 기차는 헉헉대며 3시간을 간 후에야 홍남역에서 긴 숨을 토해 놓았다. 그러는 사이 기차를 타지 못한 함흥 시민들은 30리 밖에 되지 않는 홍남을 향해 걷기 시작했다. 전투를 앞두고 비상사태가 선포된 지역에서는 민간인이나 민간 차량의 통행은 엄격히 제한된다. 이때 통제를 하는 것은 헌병이다.

평시에 헌병은 군기(軍紀)를 잡고 군에서 일어난 사건을 수사하며 국군의 날 같은 행사 때 질서를 잡는 일 정도만 한다. 그러나 전시가 되면 군용 차량과 병력이 신속히 이동할 수 있도록 모든 도로를 통제하는 일부터 한다. 또 최전선에서 병사들이 싸우지 않고 도망쳐 오면, 바로 뒤에 포진해 있다가 이들을 즉결처분하기도 한다. 헌병의 이러한 즉결처분권 때문에 병사들은 적을 향해 돌진하는 효과를 거두는 경우가 적지 않다고 한다.

함흥과 홍남을 잇는 도로에도 미군 헌병들이 개미떼처럼 깔려 민간인을 통제했다. 그러자 주민들은 헌병이 없는 논길, 밭 사이로 난 길을 따라 홍남으로 철수했다. 날이 밝자 홍남에는 기차를 타고 온 5000여 명 외에도 시골길을 따라 철수해온 주민들이 몰려들어, 순식간에 10만 명이 복작거리게 되었다. 그러나 이들을 싣고 갈 배가 도착하지 않았다. 어렵게 사지를 뚫고 나온 미 해병대 1사단과 미 육군 7사단도 배를 기다려야 하는 처지가 되었다.

홍남에 도착한 미 10군단은 배를 보내달라고 무전을 쳤다. 많은 사람을 태우려면 함포가 탑재된 군함보다는 상륙작전에 쓰이는 LST(전차 상륙용 대형 주정)가 유리하다. 현봉학은 원래 한국 해병대 소속이었으므로, 한국 해군을 향해 LST를 보내달라고 무전을 쳤다. 일주일여를 기다리자 호위함대와 함께 사람을 태우고 갈 배 11척이 홍남항에 도착했다. 세 척은 한국 해군의 LST고, 나머지는 미군 LST와 일본에서 급송된 미국 상선이었다(상선도 물자를 싣는 공간을 비우면 많은 사람을 태울 수 있다).

홍남항에서 철수를 총지휘한 이는 미 10군단의 부참모장인 에드워드 포니 해병대 대령이었다. 포니 대령은 홍남항에 모여든 민간인을 태우고 공간에 여유가 있으면 홍남항 부두에 모아 놓은 유류와 탄약 등 전투물자도 실으려 했다. 이때 포니 대령이 전투물자를 실으려고 결심했다면 많은 피란민이 북한에 남게 되었을 것이다. 그러나 포니 대령은 전투물자의 탑재를 포기하고 피란민들을 태우게 하는 결단을 내렸다.

11척의 함정은 콩나물시루처럼 군인과 피란민을 가득 싣고 미 7함대 전투 함정의 호위를 받으며 부산항으로 출발했다. 이중 몇 척은 재빨리 부산항에 사람을 내려놓고 다시 홍남항으로 와 또 사람을 태워가기도 했다. 그렇지 않아도 부산은 밀려온 피란민으로 복작거리고 있었다. 여기에 홍남에서 온 피란민들까지 보태지자 시내는 더욱 복작거렸다.

일부 함정은 포항에 피란민을 내려놓았다. 부두가 없어도 사람을 내려놓을 수 있는 LST는 거제도의 장생포로 가서 피란민을 상륙시켰다. 거제도는 이렇게 해서 이북 사람들이 발을 딛기 시작했는데, 그 후 북한 군 포로수용소까지 생겨, 남쪽 끝에 있지만 유독 월남자가 많은 섬이 되었다(현봉학의 어머니인 신애균(申愛均) 여사는 1951년 거제도에 '일맥원'이라는 고아원을 차리고 이어 대광중학교 분교를 열어 함경도에서 어렵게 내려온 사람들을 거두었다).

11척의 배가 군인과 피란민을 실어 나르는 동안 미 7함대 전투함들은 인천상륙작전 때보다 많은 포탄을 발사해 중공군의 추격을 차단했다. 인천상륙작전 때 맥아더 원수가 탔던 기함(旗艦)은 '마운트 맥킨리'함이었다. 알몬드 10군단장은 이 배에 승함해 흥남 포격을 지켜보았다. 11척의 배가 마지막으로 흥남을 떠난 것은 12월 24일이었다. 크리스마스 대공세를 펼치던 미군 병사들이 전쟁의 마지막 날이 되기를 학수고대했던 바로 그날이다. 마운트 맥킨리함을 비롯한 전 전투함은 일제히 흥남 부두에 늘어놓은 유류통과 탄약을 향해 함포 사격을 가해, 흥남 부두 전체를 파괴했다.

현봉학 박사의 증언처럼, 흥남에는 약 10만 명의 난민이 몰려들었다. 난민들을 수송선에 탑승시키는 작업은 12월 16일에 시작되었다.[39] 피난민을 탑승시키는 과정은 쉽지 않았다. 군인들이 10만 명의 흥분한 사람들을 통제하기가 힘들었기 때문이다. 매일같이 해군은 수 만 명의 난민들을 대피시키는 일을 계속했다. 대부분의 LST선박은 평소의 용량보다 4배에서 5배 많은 인원을 싣고 흥남항을 출발했다. LST668은 10,500명을 데리고 갔고, 버지니아 빅토리아호는 14,500명을 태웠다. 평균적으로, 장비를 운반하는 다른 배에는 약 5천 명의 난민들이 타고 있었다.

39) Letter from Chaplain Harold Voelkel, 17 December 1950, Presbyterian Church Archives, Record Group 140, Box 18, Folder 15 – Presbyterian Historical Society, Philadelphia.

메레디스 빅토리호는 흥남을 떠난 마지막 난민 배였다. 흥남 인근의 작은 어촌인 서훈봉(서훈동)에는 남쪽으로 가는 배를 기다리던 3,600여 명의 난민들이 있었다. 보켈 선교사는 부산으로 출발하기 직전인 12월 16일, 그 지역의 기독교인들을 방문했다. 그는 난민들을 위한 배가 없다는 것을 알고 즉시 해군 장교들에게 연락하여 이들 난민들의 존재를 확인시켰다. 장교들은 돕겠다고 약속했지만, 즉시 도움을 줄 수 있는 상황이 아니었다. 사람들은 하염없이 기다려야 했다. 약속을 믿고 기다리는 일 외에는 할 수 있는 일도 없었다. 보켈 선교사가 떠난 후, 난민들은 LST 보트가 도착할 때까지 추위와 배고픔을 겪으며 4일을 더 기다렸다. 하나님의 도움으로, 그들 모두는 마산 외곽의 거제도에 발을 디딜 수 있었다.[40)]

홍남의 철수는 10만 5천명의 병력과 17,500대의 차량, 350,000톤의 화물 등, 병력과 중화기의 손실 없이 철수에 성공한 기적적인 군사 작전이다. 후퇴하는 군대가 전투력(戰鬪力)을 그대로 유지한 채 퇴각에 성공했다는 점에서 전사(戰史)에 빛나는 업적이기도 하다. 이 작전은 다른 면에서도 길이 기억되어야 한다. 미국 역사상 가장 큰 규모의 인도주의적인 철수였다는 점이다.[41)] 수십만 명의 민간인을 성공적으로 구출함으로써 후퇴하는 군대의 사기가 올라갔다. 트루먼 대통령은 흥남의 성공적인 철수 소식을 듣고 이 작전을 '내가 지금까지 경험한 최고의 크리스마스 선물'이라고 말했다(Leckie, 1962).

---

40) Letter from Chaplain Harold Voelkel, 25 December 1950, Presbyterian Church Archives, Record Group 140, Box 18, Folder 15 - Presbyterian Historical Society, Philadelphia.

41) James F. Schnabel, United States Army in the Korean War: Policy and Direction: The First Year (Washington, D.C.: Office of the Chief of Military History, US Army, 1972), 304.

VII.
포로수용소와 보켈 선교사[42)]

한국전쟁 초기, 포로수용소의 행정은 체계적이지 못했고 혼란스러웠다. 유엔 당국은 북한의 전쟁 포로들을 다룰 수 있는 체계적인 매뉴얼을 가지고 있지 않았다. 1950년 8월, 포로의 숫자가 1,000명 이상으로 늘어나자, 유엔은 부산에서 북쪽으로 10마일 떨어진 동래(東來: 현 부산 동래구)에 포로수용소를 세웠다.

인력 부족으로 인해, 한국군이 미군 당국의 감독 하에 포로를 보호했다. 한국전 기간 동안, 전쟁 포로들은 '최고의 정보원'이었다. 정보를 얻기 위해서는 심문을 통해 유용한 정보를 취합할 수 있는 통역이 필요했다. 군사적 지식을 갖춘 통역 군인들이 필요했다는 이야기다. 하지만, 미군 내에 그리고 극동 사령부에 한국어에 능통한 학자나 통역사들은 거의 존재하지 않았다. 전쟁의 첫 3개월 동안, 158명의 한국인들 중 단 14명 만이 통역 보안 허가를 받았다. 그 14명 중 대부분도 인천 상륙 작전을 위해 본부에서 복무했다.

전쟁이 시작된 첫 두 달 동안, '통역관의 부족'은 고질적인 문제였다. 그런 까닭에, 미군은 대구와 부산을 피난처로 삼은 선교사들의 자원봉

42) 7장은 보켈 선교사의 저서(1953, 1958)를 중심으로 재구성하여 정리 하였다.

사에 크게 의존했다. 2차 세계대전 전에 북한에서 일한 경험이 있던 해리(Rev. Harry) 선교사는 미군들에게 귀중한 도움을 주었다. 그는 포로가 제공하는 정보를 확인하고 입증하는 일을 했다. 그 작업을 수행함으로써, 힐 목사는 전쟁 포로들과 대화할 뿐만 아니라 그들에게 설교할 수 있는 특권을 누렸다. 힐은 "포로들 대부분은 무신론자가 아니었다. 그들이 복음서의 복사본을 받기를 열망했기 때문에, 나는 그 점에 매우 주의를 기울였다"고 회상했다.[43] 이 증언이 말해주듯, 전쟁 초기부터 전쟁 포로들을 대상으로 한 복음 전도가 진행되었다.

미군이 주도하는 유엔군의 포로 획득은 한국전쟁 발발 직후인 1950년 7월부터 이루어졌다. 같은 해 9월 인천상륙작전에 성공하고 유엔군이 북진하는 과정에서 포로의 수가 급증하기 시작하였다(윤하경, 2017). 부산에서는, 킨슬러목사(Rev. Francis Kinsler)와 린튼목사(Rev. William Linton)가 있었다. 그들은 유엔군에 도움을 주기 위해 포로수용소로 왔다. 린튼 목사는 많은 포로들이 '기독교 가정 출신이라는 것'을 발견했다.[44] 포로들이 털어놓은 바에 따르면, 일부 기독교인 부모들은 심지어 북한군에 징집된 자녀들에게 "한국에 머물 기회가 생기면 북한으로 돌아오지 말라"고 가르쳤다고 했다. 유엔군이 서울을 수복한 후, 많은 북한군이 항복했다. 9월 말까지, 동부 지역의 1번 수용소는 1만 829명의 포로를 수용했다. 이는 이전의 30일에 비해 약 9,000명이 늘어난 것이

43) Since Rev. Harry Hill was neither an army officer nor a chaplain, his work in the POW camp was not recorded in any of the military documents. At that time, the politically oriented education program had not started yet. Missionaries were offered "a free hand" and almost "free access" to their POWs. See letter from Rev. Harry Hill, 22 August 1950, Presbyterian Church Archive, Record Group 140, Box 18, Folder 14 – Presbyterian Historical Society, Philadelphia.

44) Letter from Mrs. (Charlotte) Linton, 28 August 1950, in the Presbyterian Church (U.S.A.), Department of History, Montreat, North Carolina.

다. 수용 시설의 확장 속도가 포로들의 증가를 따라가지 못할 정도였다. 포로들을 수용하기 위한 준비가 미비한 상황에서 매일 수 천 명의 포로들이 수용소로 보내졌다. 1950년 11월까지, 10만 명 이상의 포로들이 유엔에 구금되었다. (33,478명은 인천에, 62,697명은 부산에, 20,647명은 평양에 수용되었다.) 포로의 총합은 1950년 12월 3일을 기준으로 146,135명이었다. 부산과 거제에 분산하여 포로들을 수용하였지만 수용소마다 심각한 초만원으로 위생 상태가 좋지 않았다. 초기에는 식량도 부족했다(Haga, 2007).

수용소의 사정이 이러했기 때문에, 유엔 당국이 수용소 내에서 효과적으로 통제권을 유지하기가 쉽지 않았다. 미군이 수용소들을 관리하기 위해 충분한 병력을 사용할 여력이 없었기에, 수용소 관리는 포로들의 자치에 의존했다. 일차적으로, 각 수용동(受容棟)에 포로 대표를 뽑아 그들이 각자 맡은 구역을 책임지도록 했다. 당시 거제에는 총 28개의 수용동(compound)이 있었고, 각 수용동에는 500~800명 정도의 포로들이 수감되어 있었다. 결과적으로, 일부 구역은 반공 주의자들의 손에 들어갔고 다른 구역은 강경 공산주의자들의 손에 들어갔다. 포로 수용소 안에서 또 다른 전선(戰線)이 형성된 것이다. 포로수용소 내의 상황은 처음에는 그런데로 평화적이었다. 하지만 개성에서 정전 협상이 시작되면서부터 사정이 급속하게 악화되었다. 1951년 6월부터 1952년 5월까지, '거제 수용소'는 한국전의 새로운 전장이 되었다. 수용소 내에서 폭력사태에 의한 사망자가 나올 정도였다. 이러한 사실은 휴전 협상에서 핵심 현안으로 떠올랐다. 포로수용소 내에서 벌어진 '포로들끼리의 전투'는 유엔 측 협상 담당자들에게 당혹스러운 사건이었다. 휴전 협상 양측 간 긴장의 원인이기도 했다.

김윤찬(金潤燦: 1905~1993)목사는 거제도에서 포로사역에 나섰던 첫 한국인 사역자였다. 보켈 선교사는 『철조망 뒤의 한국』(1953)이라는 책속에서 김윤찬 목사에 대해 상세하게 소개했다.

북한을 점령한 소련군들이 김윤찬 목사를 공산당 축하연에 초정하였지만 그는 거절하였다. 김윤찬 목사는 그들이 북한 주민들로부터 쌀과 소를 불공정하게 강탈해 간 것들을 보았다. 과거 일제가 강요했던 신사참배의 기억이 있었기에, 김 목사는 소련군의 초대에 한 번이라도 참여하게 되면 그 뒤로는 공산당에 협력할 수밖에 없음을 알고 있었다. 그러나 공산당은 쉽게 그를 놓아두지 않았다. 계략을 써서 김윤찬 목사를 불러낸 뒤 곧바로 체포해 감옥에 가두었다. 감방은 가로 세로 세 뼘 정도의 크기였고 칠흑같이 어두웠으며 시멘트 바닥이었다. 겨우 서 있을 정도의 높이였는데, 너무 좁아 앉아 있기가 불편할 정도였다. 기껏해야 겨우 쪼그리고 앉아서 쉴 수 있을 뿐이었다. 김 목사에게 제공된 음식은 하루에 빵 한 조각과 물 3잔이 전부었다.

온전한 정신을 유지하기 위해 김윤찬 목사는 다음과 같은 스케줄대로 행동하였다. 매일 하루 1시간 기도, 이어서 말씀을 암송하고 찬송가 부르기, 다음으로 러시아를 배우기 위해 러시아 간수들의 대화를 의식적으로 들으려 시도했다. 찬송가 부르기가 끝나자마자 간수들이 시끄럽다고 소리치곤 하였다. 그러던 어느 날, 김 목사는 '수감자'라는 자신의 신분을 잊어버리고 큰 소리로 외치며 기도하기 시작했다. '주여! 주여!'라고 소리쳤다. 러시아 간수가 작은 구멍으로 전지 불빛을 비추면서 "뭐하고 있는 것이야?"라고 물었다. 김 목사는 "기도하는 중입니다."라고 답했다. "한국인이 기도를?" "네, 저는 그리스도인입니다." "한국의 그리스도인?" 갑자기 감옥문이 열리고 보초는 김 목사의 손을 잡고 손에 입을 맞추었다. 그리고 김 목사의 뺨에 자신의 뺨을 대면서 '나 역시 그리스도인'이라고 밝히며 "나의 어머니도 진실한 그리스도인이고 아버지는 지난 전쟁에서 독일에서 전사하였다"고 설명하였다. 그 이후로 김 목사는 식사 때마다 딱딱한 빵 껍질 대신 부드러운 빵을 받았고 물 대신에 수프를 먹을 수 있었다. 김 목사와 간수 사이에 진정한 그리스도인의 교제가 형성된 것이다.

종종 그는 소련군 대령에게 취조를 받기 위해 감옥에서 나와 대령의 사무실로 갔다. 소련군은 죄수들의 저항을 약화시키기 위해 아주 잘 알려진 술책을 사용하였다. 죄수들의 자신감과 자존감을 떨어뜨리고 자기 자신조차 믿지 못하도록 '상상의 죄'를 고백하라고 강요하였다. 그리고 언제 기독교를 받아들였는지 혹은 미국으로부터 기독교를 받아들였는지를 질문했다. 왜 동양인으로서 서양종교인 기독교를 가지게 되었는지, 미국을 위한 정치적 행동을 종교적인 이야기들로 위장한 것은 아닌지를 질문하였다. 이러한 유형의 위협이 수 시간 동안 반복적으로 행해졌다.

어느 날 밤에는 다음과 같은 일도 있었다. 대령은 미국인 선교사들과 친분이 있었던 김윤찬에게 '당신은 미국 스파이'라고 말하면서 서랍에서 권총을 꺼냈다. 그리고 김윤찬 목사의 가슴에 권총을 겨누었다. '만약 스파이라고 인정하지 않으면 당장 여기서 죽일 것'이라는 위협과 함께였다. 그러나 김 목사는 하나님의 주신 평강 가운데 "만약에 당신이 나를 죽이면 나는 천국에 가서 주님과 함께 있을 것입니다"라고 대답하였다. 그 대답을 듣고 대령은 권총을 서랍에 도로 넣었다. 그날 이후 대령의 태도는 바뀌었다. 그는 김 목사를 공손하게 대했다. 김 목사를 죽이려고 위협하는 대신, 공산당 정부에서 공산당을 위해 일할 것을 제안하였다. 그것은 결국 북한 내 그리스도인들에게도 도움이 될 것이고 그러한 협력은 김 목사 개인에게도 재정적인 도움이 될 것이라는 이야기였다. 그러나 김 목사는 다시 생각할 필요가 없었다. 이 제안이 고도의 속임수라는 것을 알았기 때문이다. 그는 정중하게 대령의 제안을 거절하였다. 곧이어 그는 석방되었다.

그러나 공산당은 계속적으로 김 목사를 감시하였다. 그가 가는 모든 곳에 감시원의 미행이 따라붙었고 매주 일요일과 수요일예배에 참석할 때도 미행이 이루어졌다. 김 목사는 오래지 않아 다시 체포되어 감옥에 가게 되었다. 이번에는 36개월 동안 구속되었다. 첫 번째 구속 이후 그는 조그만 감옥에서 오랜 시간 웅크리고 생활할 수밖에 없었던 관계로 다리에 극심한 통증을 경험하였다. 고통에도 불구하고 탈진하여 잠이 들었을 때 그는 환상을 보았다. 그는 하나님의 음성을 들었다. 음성은 히 13:6 말씀으로서 "그러므로 우리가 담대히 말하되 주는 나를 돕는이시니 내가 무서워하지 아니하겠노라. 사람이 내게 어찌하리요 하노라." 그리고 깨어났을 때 거짓말처럼 다리의 통증이 사라졌다. 그는 더 이상의 불편함이 없이 다리를 뻗고 앉을 수 있었다.

1945년 8월부터 감옥에 투옥되고 풀려나는 일이 반복되다가, 김 목사는 1950년 봄에 다시 체포되어 지방의 파출소로 보내졌다. 파출소는 공산군에 입대하여 복무할 지역의 젊은이를 모집하는 일로 매우 바빴다. 김 목사는 그곳에서 본인이 곧 총살당할 것이라는 강한 예감이 들었다. 많은 기도와 자기성찰 후에 김 목사는 결단을 내렸다. 목숨을 거는 것이지만 탈출하기로. 마침내 기회가 찾아왔다. 감옥에 홀로 남게 된 어느 날, 김 목사는 파출소 뒤 편의 담을 넘었다. 5월 하순이어서 보리가 높게 자라 있었기에, 김 목사는 보리밭 사이를 기어서 옆 마을로 도망하였다. 1시간 후에 김 목사는 자신을 잡으러 출동한 경찰들이 발사하는 총소리를 들었다. 그는 그날 밤 친구네 집으로 찾아가 그곳에 몸을 숨겼다. 김 목사의 친구는 밤에도 경찰들의 추격이 계속될 것이라 생각했다. 친구의 집은 김 목사가 은신하기에는 너무 협소했다. 숨거나 유사시 도망치기에 적당하지 않았다. 그래서 김 목사의 친구는 김 목사에게 근처의 큰 집으로 옮겨 갈 것을 권유하였다. 김 목사가 '큰 집'을 찾아갔을 때, 그는 그 집 지붕 밑에 숨어 있던 12명의 그리스도인을 발견하였다. 김 목사는 몇 시간 동안 눈을 붙였다가 누군가 다가오는 소리에 눈을 떴다. 김 목사는 마당 뒤편으로 갔다. 그곳에서 담에 있는 구멍을 통해 일군의 경찰들이 집을 포위하고 있는 것을 보았다. 경찰들 중 일부가 대문을 열고 들어와 지붕밑에 은신하고 있던 12명의 그리스도인을 발견하였다. 12명 중 7명이 현장에서 바로 총살을 당했다. 총소리가 울리자, 집을 포위했던 경찰병력 전부가 대문을 통해 마당으로 진입했다. 이 틈을 타서 김 목사는 뒷문으로 도망칠 수 있었다. 그 마을에 살고 있던 그리스도인들은 그를 데려다 중환자처럼 위장하였다. 그들은 김 목사의 머리를 수건으로 싸맸다. 김 목사가 누워있는 옆에는 한약을 달일 수 있는 약탕관을 준비해 놓았다. 오랜 감옥 생활을 통해 마르고 허약해졌기에, 위장이 아니더라도 김 목사는 병자처럼 보였다. 경찰들이 들이닥쳐 병자를 심문하였지만, 그들은 '중환자'가 그들이 찾고 있는 김 목사라는 것을 인지하지 못했다. 경찰들이 떠난 뒤, 마을의 기독교인 4명이 그날 밤 안으로 땅을 팠다. 소가 서 있어도 충분할 정도의 크기였다. 그 '동굴'을 널빤지와 지푸라기로 위장하였다. 김 목사는 그곳에서 3개월 동안 숨어지낼 수 있었다. '위장 동굴의 비밀'은 놀랍게도 한국 전쟁 발발 후에도 유지되었다. 1950년 가을, 미군의 탱크가 마을에 진격했을 때 김 목사는 비로소 자유의 몸이 되어 유엔군을 환영했다. 김 목사는 동굴에서 나와 곧바로 평양으로 되돌아갔다. 나와 김윤찬 목사는 수 만의 전쟁포로를 함께 방문하였고 그들에게 복음을 전했다. 김 목사의 설교에는 자유의 기쁨이 녹아있었다. 중공군의 개입으로 전쟁이 새로운 국면으로 전환되자 김 목사는 남쪽으로 향하는 피난민 행렬에 합류하였다.

부산에 도착하자마자 김윤찬 목사는 보켈 선교사의 첫 번째 동역자가 되었다. 두 사람은 전쟁포로를 위해 사역하는 일에 힘을 합쳤다. 예수 때문에 박해를 당하면서 하나님의 신실하심을 경험한 그는 전쟁포로들에게 이상적인 목사였다. 부산 포로수용소에 모인 기독교인들은 교회를 세우기까지 활발하게 움직였다. 마침내 1951년 1월 20일, 첫 천막 교회가 거제에 포로수용소 내에 설립되었다. 교회 직원들까지 임명한 정식 교회였다. 보켈과 김윤찬은 수용소 내에 포로들 자신에 의한 교회가 세워질 때마다 교회직원을 파견하고 새로운 교회를 세워나갔다(이종만, 2010).

보켈 선교사는 1950년 12월 흥남 철수 이후 거제도로 왔다. 그리고 그곳에서 포로수용소 사역을 시작하였다. 김윤찬 목사 외에도 보켈 선교사가 만난 특별한 사람이 있다. 임한상(任漢祥) 목사였다. 임한상 목사는 미군 병사들에 의해 공산주의 도망자로 오인되어 포로로 잡힌 사람이다. 유엔 당국이 그의 신원을 확인한 후, 그는 민간인으로 재분류되었다. 수용소에서 지낸 인물이기에, 유엔 당국은 임 목사에게 텐트를 제공했다. 이 텐트는 부산 포로수용소 내에서 예배와 성경 연구를 위한 예배당으로 쓰였다. 1950년 12월 25일, 보켈 선교사가 거제도에 도착하기 전, 임 목사는 비기독교인을 포함한 4,000명의 포로들과 함께 크리스마스 예배를 드렸다. 임한상 목사와 만났던 일을 보켈 선교사는 다음과 같이 기록했다.

> 함흥에서 부산으로 온 나는 5개의 포로수용소를 방문하면서 기독교인이 얼마나 있는지를 조사하였다. 한 캠프에서 헌병의 보고를 받을 때, 몇 명의 기독교인들과 목사 1명이 있다는 말을 들었다. 목사? 나는 목에서 숨이 막히는 것을 느꼈다. "가서 목사님을 불러오세요." 40대 정도의 목사가 웃는 얼굴로 나를 만나러 왔다. 임한상 목사는 한국전 이전에 황해도 지역에서 활동했던 목사다. 그는 1940-45년까지 일본인으로부터 극도의 탄압을 받았고 이후 북한을 넘겨받은 소련 군정의 표적이 되었다. 그는 타협하든지 혹은 전적으로 믿음을 지키든지 결정을 내려

야 했다. 신앙과 목숨 가운데 하나를 선택해야 했던 것이다. 임 목사는 결국 그의 구세주인 예수님을 선택하였다. 1948년, 그는 신앙을 지키기 위해 감옥에 가게 되었고, 공산당에 의해 극심한 탄압을 받았다.

1950년 가을, 임 목사가 구속되어 있던 지역에도 유엔군이 진격하면서 공산군이 떠났다. 이후 그는 감옥에서 풀려나 자유의 몸이 되었다. 그는 사랑하는 가족과 교우들을 다시 만날 수 있다는 생각에 뛸 듯이 기뻐했다. 집으로 가는 25마일을 걸어가는 중이었다. 2년 동안의 감옥 생활로 인해 그의 옷은 남루해졌고 오랫동안 깎지 못한 머리는 헝클어져 있었으며, 씻지 못했기에 외모는 야만인과 같이 변해 있었다. 그 지역을 순찰하는 미군이 그를 발견했을 때, 그의 모습은 영락없는 패잔병 도망자 혹은 게릴라와 같았다. 미군은 그를 공산주의자로 오인했다. 헌병들은 그의 걸음을 멈추게 하고 길거리에서 기다리라고 명령했다. 최종적으로 임 목사는 북한군 낙오자로 오인되어 군용트럭에 실려 포로수용소로 옮겨졌다. 미군에 의해 '자유를 빼앗기게'된 것이다. 가족 및 교우들과 재회하려던 그의 계획은 날아가고 희망도 사라졌다. 포로수용소로 실려오는 동안, 임 목사는 다음과 같은 생각이 들었다고 했다. 어떻게 하나님은 이런 일이 나에게 일어나도록 역사하셨을까? 하나님이 정말 나를 이 나라를 보호하시는 것일까? 공산당 치하에서 보낸 2년 여의 감옥 생활로는 아직 충분치 않다는 말인가? 이러한 생활에서 나는 목회자로서 어떠한 유익을 얻을 수 있을까? 이러한 질문들은 피할 수 없었지만 하나님은 그 당시에는 임 목사에게 어떠한 말씀도 하지 않았다. 그러나 일정한 시간이 지난 후에 다음과 같이 답하셨다. "나의 하는 것을 네가 이제는 알지 못하나 이후에는 알리라(요13:7)." 극심한 고통에서부터 이끌어주고 슬픔과 고독 가운데 있는 포로들을 위로해줄 적임자로 하나님은 임한상 목사를 선택하신 것이다.

1950년 크리스마스 직후 보켈은 임 목사가 속해있는 포로수용소 캠프를 처음 방문했다. 그때 이미 임 목사는 미군을 설득하여, 텐트를 준비해 예배처소로 사용하고 있었다. 그곳에서 정기적으로 예배를 드리고 성경공부를 하는 한 편, 불신자들을 초청해 모임을 가졌다. 대화 중에 나는 임 목사가 크리스마스에 4,000명의 포로를 모아놓고 야외에서 아름답고 감동적인 예배를 드렸다는 사실을 알게 되었다. 성경책과 찬송가들이 임 목사에게 제공되었고 임 목사의 사역은 계속적으로 커지게 되었다.

후에 임 목사는 거제도 포로수용소에서 없어서는 안 될 존재가 되었다. 수 많은 포로들이 예배를 드리고 성경을 공부하는 일에 임 목사가 핵심 인물이었다. 그는 특히 6개월 동안의 포로수용소 병원에서의 사역을 통해 특별하게 열매 맺는 전도를 하였다. 그의 신실하고 도전적인 리더십 덕분에, 모임에 참석해 복음에 대한 관심을 보이는 포로들의 숫자가 점차적으로 증가하였다.

보켈 선교사와 임 목사의 성공스토리에 고무된 유엔당국은 거제포로수용소 내의 복음전파프로그램을 격려했다. 1951년 3월부터 1952년 6월까지 보켈 선교사는 거제포로수용소 내 종교 활동을 조직하는 데 전적인 책임을 맡았다. 보컬 선교사는 포로들 사이에서 인기가 많았다. 그의 유창한 북한 악센트와 종교적 설교는 공산주의 선전 때문에 미국인의 손에 고문이나 죽음을 당할 것이라고 두려워했던 많은 포로들을 진정시키는데 커다란 도움을 주었다. 보켈 선교사는 수 백 또는 때로는 수 천 명의 포로들에게 설교했다. 그는 포로들의 관심을 얻기 위해 북한에 관한 몇 가지 질문으로 설교를 시작했다. 그리고 공산주의를 복음과 비교하고, 그들에게 용서받고 구원받기 위해 기독교인이 될 것을 권유했다.[45]

45) Chaplain Harold Voelkel's letter #6, 21 October 1950, Documents of the WCC [World Council of Church] Library: The Korean War, ed. Heung Soo Kim (Seoul: The Institute for Korean Church History, 2003), 138.

당시 한국전쟁 포로 14만 여 명 가운데 개신교 신자는 3만 여 명, 가톨릭 신자는 1,000 여 명에 불과했다. 보켈 등이 전도한 결과, 거제포로수용소 각 구역에 교회 텐트가 세워졌다.[46] 개신교 신자들은 집사와 장로들을 선출하고 새벽 기도회를 열었으며 개인적인 복음 전도 활동을 벌였다. 출석은 언제나 자발적이었다. 대개 수 백, 때로는 수천 명의 전쟁 포로들이 몰려왔다(Voelkel, 1953).

수감자들이 종교적인 예배에 열광적으로 반응했기 때문에, 보켈 선교사와 임 목사는 이러한 수감자들 사이에서 새로운 기독교 지도자들을 훈련시킬 필요를 느꼈다. 보켈은 1951년에도 강신정, 임재수, 박지서, 남기종, 강응무 목사, 김윤찬 목사, 임한상 목사 등과 함께 포로수용소들을 돌며 선교활동을 계속하였다(김승태, 2004). 유엔군 당국에서도 한국인 목사를 군목으로 정식 고용하였으며 이들은 각 포로수용동을 자유롭게 출입할 수 있었다. 1951년 1월부터 1952년 4월까지의 전도 활동을 통해 거둔 열매는 다음 표와 같다.

거제도 포로수용소 전도 활동 및 결과

구분		시기(1951.5-1952.4)	구분		시기(1951.4)	시기(1951.9)	시기(1952.4)
학습	지원자	2,402	신도		4,633		15,012
	학습자	1,973	교회		12	22	15
세례	지원자	1,271	교회직원				119
	세례자	900	교회직분자				502
성찬 참가자(총 3회)		4,257	스왈론 통신 과정	신약부	2,031(졸업)		
성경 학교	설립	15		구약부			
	참가자	3,800		지원자	9,784		

자료: 강신정 1985, 이종만 2010에서 재인용

포로 가운데서 뽑힌 직분자들은 주간 예배와 기도 모임 외에 다양한

46) 앞의 책, pp. 24-25.

포로 구역에 성경학교(Bible institutes)를 설립했다. 이것은 일종의 신학교였다. 보켈 선교사는 포로수용소 내의 '신학교'를 다음과 같이 운영하였다고 기술하였다.

> 신학대학교는 사람들을 빠르게 졸업시킬 수 없지만 성경학교에서는 훈련받은 평신도들을 통해서 많은 일들을 할 수 있었다. 그런 이유로, 나는 포로수용소 내에 성경 통신학교를 설립하려고 마음먹었다. 성경학교의 모든 활동은 우리 선교부(mission)지휘를 받아 이루어졌고 각 장로교회는 이를 정규적인 것으로 인정해 주었다. 성경학교는 신학대학만큼 경쟁적이지는 않았지만, 교육 내용은 신학대학의 기초과정과 같은 수준이었다. 대부분의 학생들이 신학대학을 졸업하는 것은 아니지만 성경학교에서 일부 과목을 수강할 수 있었다. 거제도 포로수용소 내 교회에서 많은 젊은 그리스도인들의 배출된 것은 공식적인 예배 외에 이러한 종류의 체계적인 성경 교육이 가능했기 때문이다.
>
> 비록 처음에는 우리의 커리큘럼이 높은 수준이라고 말할 수는 없었다. 하지만, 교육을 연기하는 것보다 일단 시작하는 것으로 결정을 내렸다. 첫 번째 학교는 38명의 학생으로 시작하였다. 전쟁포로들로 구성된 신학교 동문회가 이들을 가르치는 일에 직접적인 도움을 주었고, 미국 성서공회에서 교육에 필요한 성경들을 보내주었다. 강의는 매일 진행되었고, 커리큘럼은 다음과 같은 4과목으로 구성되었다. 그것은 성경, 찬송, 영어, 체조였다. 과목의 숫자가 다양하지 않다고 하시는 분들도 계실 터이다. 그러나 이 프로그램만큼 성공적인 커리큘럼도 없었다. 학교의 규모는 7배로 성장했고 각 수용소에 280명 정도의 학생들이 있었다. 커리큘럼도 좋아졌고 한국인 목사들이 교육에 함께 참여하였다. 그들은 성경을 챕터 별로 자세하게 강의하며 예수님의 생애, 교회역사, 산상수훈 등을 가르쳤다. 오래지 않아 포로수용소 내에 총 15개의 신학교가

세워지고 3,883명의 학생이 등록했다. 열의가 높았고 교육의 수준도 높았다. 놀랍게도 학생들로부터 신학대학을 설립해달라는 요청이 나왔다. 642명의 포로들이 석방되면 신학대학에 들어가 목사 안수를 받은 뒤 목회를 하겠다는 계획을 밝혔다. 나에게 신약을 기록하는데 쓰인 헬라어를 배울 수 있게 해달라고 요청한 학생까지 있을 정도였다.

민간인 목사와 선교사가 군목에 합류한 후, 포로수용소 내 성경학교의 커리큘럼이 향상되었다. 642명의 에비 목회자 중 한 명은 포로수용소에서 기독교로 개종한 불교 승려였다.[47] 그의 속명(俗名)은 김규한이었다. 보켈 선교사는 김규한에 대해 다음과 같이 회상했다.

전쟁포로들이 모여 있는 단상 앞에 놓인 일련의 사전, 만년필, 하모니카, 연필 등의 상품. 김규한의 눈에 이 물건들이 들어왔다. 성경 통신학교의 졸업식이었다. 신약과 구약을 충실하게 공부한 학생들이 그들의 수월성에 맞추어 각기 상을 받는 날이었다. 상을 받는 각각의 전쟁포로들은 자신의 이름이 불릴 때마다 단상 앞으로 나가 상을 받았고 군중들로부터 박수를 받았다. 김규한은 나이가 서른이 넘은 학자였다. 영어를 배우기로 결심한 그는 상품에, 특히 영일사전에 관심을 보였다. 1945년 이전까지 한국에서는 모든 공식 교육이 일본어로 이루어졌다. 전쟁포로들은 거의 다 일제 때 태어나 일본식 교육을 받은 사람들이었다. 그들은 일본어를 할 줄 알았고, 최근에서야 영어 혹은 한국어를 할 수 있게 되었다. 김규한은 내게 어떻게 사전을 가질 수 있는지를 물어왔다. 그는 그리스도인이 아니었고, 자신이 속해있던 수용소의 교회에 다니지도 않았다.

---

47) 앞의 책, pp. 25-27.

1951년 전영규는 부산 포로수용소에서 거제도 포로수용소로 이감되었다. 그는 심신이 지쳐 삶의 의욕을 잃었다. 굶어죽기로 작심하고 배급된 식량을 모두 남에게 주었는데, 3일 후 인내력의 한계를 느끼던 중 조용한 찬송소리를 들었다. 그는 찬송소리에 이끌려 수용소 안의 천막교회로 발길을 향했다. 전쟁터에서 체험했던 하나님의 존재를 확실히 알고 싶어 그는 교회로 들어갔다. 교회 안 분위기는 수용소의 험악한 분위기와 달리 평화롭고 아늑했다.

수용소 교회의 담임은 보켈(H. Voelkel, 한국명 옥호열) 선교사였다. 그는 요한복음 3장 16절 말씀을 인용해 설교했는데 "하나님께서는 여러분을 각별히 사랑하십니다. 우리가 회개하고 주님을 영접할 때 하나님께서는 우리의 삶을 지켜주십니다"라고 말했다. 그는 갑자기 가슴이 뜨거워졌다. 자신도 모르게 회개의 눈물을 쏟았고 한참 눈물을 쏟고 나니 가슴이 후련해졌다. 모든 것이 달라보였다. 조금 전까지 죽음에 대한 생각에 암울하고 고통스러웠던 마음이 사라지고 지금까지 자신을 지켜 준 하나님이 그렇게 고마울 수가 없었다.[48]

그리고 전영규는 목사가 된 이유를 다음과 같이 회고하였다(전영규, 1984; 김승태 2004, 재인용).

무엇을 할 것인가, 삶의 방향에 대해 결단을 내려야했다. 내 과거는 어둠이었다. 주머니 속도 영혼도 캄캄한 가난이었다. 그러나 어찌 되었든 살아있다는 것만으로도 내 삶은 은총에 의한 덤의 목숨이다. 내 갈 길은 너무나 자명한 길일 수밖에 없다. 내가 택할 수 있는 길은 빛과 소금으로서의 봉사뿐이다. 거제도 포로수용소에서 옥호열 선교사 앞에

48) http://m.kehcnews.co.kr/news/articleView.html?idxno=14506

서 목사가 되기로 서원했던 기억이 되살려졌다. 나는 신학에로의 길을 택하였고, 신문배달과 잡지장사로 학비를 조달해 가며 생계도 유지했다. 은혜 또 은혜, 기적의 삶을 표현할 수 있는 단어는 이것뿐이다. 기도와 기쁨 속에서 나는 신학수업을 마칠 수 있었다. 1957년 10월 경남 김해 장유성결교회에서 목회를 시작하였고 2년 후에는 부산 수정제일교회에서 목회를 했다.

성경통신학교 설립 후 약 1년 만에 총 2,266명의 인민군 전쟁 포로들이 세례를 받았고, 전체적으로 거의 2만 명이 종교 활동에 정기적으로 참여했다. 놀라운 것은 보켈 선교사의 아내 거투르드 보켈 여사 역시 여자 포로수용소에서 복음을 전했다는 사실이다.

서울 서대문에 북한군의 여자포로수용소가 있었다. 정확한 자료를 찾을 수 없어 그곳이 어디 있었는지 그리고 몇 명의 여자 포로들이 있었는지도 알 수 없다. 그는 윌리암 스왈론(1865~1954)의 친딸이었다. 윌리암 스왈론은 한국 초대 선교사로 평양장로회 신학교 교장을 지낸 인물이다. 1905년 을사늑약으로 한국이 일제에 국권을 빼앗길 때, 희망을 노래하며 〈하늘가는 밝은 길〉이란 찬송가를 지었던 분이다. 이 책의 앞에서도 여러 번 언급했지만, 거투르드 보켈의 출생지는 원산이었다.

북한 여군들은 공산주의 사상을 철저하게 신봉하던 열성분자들이었다. 하지만 포로수용소 생활의 고통을 이겨낸다는 것은 여자로서는 힘든 일이 아닐 수 없었다. 이들에게 가까이 다가간 것이 보켈 부인이었다. 보켈 부인은 1951년 6월부터 이들을 찾아가 주일 설교는 물론, 한 주일에 6시간의 성경공부 시간을 함께했다. 그들과 인간적으로 만나 아픔과 슬픔과 괴로움을 함께 털어놓고 이야기하는 정다운 시간을 가졌다. 그 결과 놀라운 결실이 맺어졌다. 109명이 기독교에 입교하기로 하였으며, 더 나아가 60명은 공산주의를 포기하는 일이 생긴 것이다.

하지만 보켈 부인은 예비 기독교도 뿐 아니라 여자 포로들 전체를 대상으로 구호하고 의료혜택을 주며 의류도 나누어 주었다. 모두를 사랑하며 모두에게 봉사하는 모습을 보인 것이다. 이러한 사랑의 손길은 시련과 고난 속에서 포로 생활을 이어가던 사람들에게 감격과 기쁨의 눈물을 흘리게 했다. 포로들은 커다란 변화를 일으켰다. 그때 함께 돕고 헌신한 분 가운데 김혜수라는 자매가 계신데, 이 분의 자세한 신분은 알아낼 길이 없다. 거칠고 황량한 전쟁 때문에 일상생활 도처에 살의와 증오, 파괴가 난무하던 시절이다. 더구나 포로수용소 안은 긴장과 공포가 휩싸인 특수한 공간이었다. 그곳에서 보켈 부인은 이들을 찾아가 함께 손잡고 그들의 고달픈 영혼을 위로했다. 그들의 아픔을 함께하며 손을 잡고 같이 울었다. 전란 중에 피어나는 아름다운 인간애, 그리고 언젠가는 다시 사람 사는 세상, 남자와 여자 그리고 어린이들과 노인네들이 손잡고 웃으며 살아가는 세상이 오고, 거기로 나가 함께 어울려 살 수 있다는 희망, 이런 것을 그들 가슴속에 품게 하고는 함께 부둥켜안고 울었다고 한다. 당시 한국 정부 법무부의 이호(李澔) 장관은 보켈 부인의 공로를 치하하여 1957년 6월에 그에게 공로상을 수여하였다. 하지만 그를 몇 번이고 찾아가 복받치는 감격으로 손을 맞잡은 사람들은 따로 있었다. 여자 포로들 그리고 그들과 함께 이 아름다운 세상을 함께 살아간 수많은 사람들이었다. 예수 그리스도의 사랑과 복음은 6.25전란 중에 더욱 눈부시게 빛나고 있었다.

이 무렵, 월드비전의 회장 밥 피어스 목사가 보컬선교사에게 신형 지프차(미국 달러로 2,500달러에 상응하는)를 제공했다. 보켈 선교사는 '우리의 필요를 채우시는 하나님에 대해 감사'했다. 피어스 목사를 통해, '우리들에게 필요한 사역을 하나님께서 어떻게 도우시는지'를 실감했다. 피어스 목사와 보켈 선교사는 몇 달 전에 직접 국제전화로 통화를 했던 사이였다. 보켈 선교사는 당시의 상황을 다음과 같이 회고했다.

"당신에게 국제전화가 왔어요. 미국 전화교환원 XXX에게 전화하세요." 1950년 6월, 한국에서 피신해온 선교사들과 함께, 나는 일본의 알프스라 불리던 가루이지와에 머물고 있었다. 깊은 산중에 있던 나에게 걸려 온 전화는 좋은 소식이었다. 두 번 정도 시도 끝에, 전화교환원은 포틀랜드 오래곤에 있는 피어스(Dr. Bob Pierce) 목사가 나와 통화하기를 원한다고 전해주었다. 피어스목사는 미국 월드비전 총재이자 유명한 복음주의자였다. 피어스목사는 1950년 봄, 그러니까 공산군이 남침하기 전 남한의 큰 도시를 돌며 일련의 모임을 가졌었다. 그 모임 이후, 많은 미국인들은 한국의 고아원, 양로원, 병원, 포로수용소 등을 재정적으로 후원하고 그들을 위해 기도하며 헌신하고 싶다는 마음을 품었다. 마침내 피어스 목사와 태평양을 가로질러 전화가 연결되었다. "어떻게 지내세요?"라고 첫 인사를 건넨 후 피어스 목사는 북한국의 침공 이후 우리와 연락하려고 시도하였다고 말했다. "우리는 잘 지내고 있습니다. 비록 피난을 경험하였지만 우리 모두는 현재 이곳 일본에 있습니다." 그는 계속해서 무엇이 필요한지를 내게 물었다.

그 질문은 놀라운 것이었다. 한국에서 일본으로 올 때 우리는 단지 입고 있는 옷만을 가지고 빈손으로 피난을 와야 했다. 피난은 새벽 12시 50분부터 오후 4시까지 이루어졌다. 선교사들이 일본으로 피난을 나온 직후, 장로회 선교회에서는 돈과 의복 및 생활에 필요한 경비를 보내주었다. 피어스 목사의 전화를 받는 그 순간에는 우리가 무엇이 필요한지 아무것도 생각나지 않았다. 피어스 목사는 "무엇이든지 필요한 것이 생각나거든 언제든 연락하세요." 라고 말하고 전화를 끊었다.

그의 사려 깊음과 관대함이 나의 마음을 따뜻하게 해 주었다. 몇 주 후에 미 육군은 나에게 한국에서 유엔 군목으로 일해달라고 요청했다. 군인 신분이 되는 일이라 먼저 선교본부로부터 선교사 휴직을 허락받았다. 포로수용소의 포로 관련 업무는 1950년 겨울이 되면서 증가하였다. 수만 명의 전쟁포로를 수용할만한 넓은 장소가 필요했다. 새 포로 수용소는 부산시 외곽, 시에서 멀리 떨어진 곳에 지어졌다. 그래서 교통수단 없이는 그곳에 접근하기가 쉽지 않았다. 이 시기에는 군부대에도 자동차가 거의 없었다. 오직 수용소 사령관만이 차를 이용해 접근할 수 있었고 나는 그때그때 차를 얻어 탈 수밖에 없었다. 부산으로 쏟아져 들어온 수많은 사람들 때문에, 모든 대중교통은 언제나 정원초과였다. 우리 선교회 소속 멤버들이 지프차와 트럭을 서울에서부터 부산 외곽까지 가져왔지만 그 차량들은 음식이나 의복을 나르는 긴급 구호 활동을 하기에도 모자랐다. 1951년 커다란 수용소가 만들어져 부산에 있던 포로들이 거제도로 이송되었다. 포로들의 숫자는 대략 15만 명 정도였다. 거제도에서도 포로수용소는 먼 곳에 격리되었고 그곳으로 가기 위해 차를 얻어 타는 것은 쉽지 않았다. 사역을 위해서 개인용 차량이 필요한 것은 자명하였다. 어디서 자동차를 얻을 수 있을까? 선교부나 육군에는 쓸 수 있는 여분의 자동차가 없었다.

그때, 하나님은 나에게 일본에 있을 때를 떠올리게 해주셨고, 피어스 목사에게 전화해보고 싶다는 마음을 주셨다. “무엇이든 필요한 것이 생각나거든 언제든 연락하세요.” 나는 잠시 주저하였지만 피어스 목사는 약속을 지키는 사람이었기에 그에게 전화해 사정을 이야기할 용기를 얻었다. 자동차는(미국에서도 충분히 비싼 물품이고 운송보험을 포함해 동양에서는 더욱더 비싼 품목) 큰 선물이지만, 그가 무엇이든 요청하라고 하였기에 말을 할 수 있었다. 그 당시 나에게는 수 년 동안 지켜온, 사역을 위해 돈을 달라고 요청하지 않는다는 원칙이 있었다. 하지만, 간절하게 기도한 후에 나는 피어스 목사님께 전화를 드리기로 결정하였다. “안녕하세요. 저는 일본에 있을 때 통화했던 보켈 선교사입니다. 저랑 통화하셨을 때 목사님께서 저에게 ‘도움이 필요하면 어떤 것이라도 이야기하라’고 말씀하셨던 것을 기억하십니까?” “네.” 피어스 목사님이 나에게

포로사역 중 말씀을 전하는 보켈 선교사

이야기했다. "사실 그때는 크게 필요한 것이 없었는데 지금은 목사님에게 부탁드릴 것이 있습니다." "무엇입니까?" 라고 피어스목사가 말했다. "자동차입니다." "사는데 얼마나 드나요?" 자연스럽게 질문하였고 나는 멈칫거리는 목소리로 25,000 달러라고 이야기했다. 사실 그 돈을 모으기 위해 얼마나 많은 헌금이 모여져야 하고 얼마나 많은 집회가 열려야 하는지를 알고 있었다. 2만 5천불 정도의 비용이 소요됨에도 피어스 목사는 흔쾌히 허락하였다. 그리고 미국에서 지프차를 보내주었다.
2년 동안 그 지프차는 전쟁포로 사역, 피난민 그리고 교회사역을 나갈 때마다 유용하게 쓰였다. 울퉁불퉁하고 돌이 있는 비포장도로가 많았기에 활용도가 높았다. 나는 차량 앞부분에 십자가, 옆 부분에 군목이라는 단어를 새겼다. 이 차가 예수님의 이름으로 심부름하는 도구임을 모든 사람이 알도록 하고 싶었기 때문이다.

피어스 목사에게 선물로 받은 새로운 지프차 덕분에, 보켈은 더 많은 곳을 다닐 수 있게 되었다(Voelkel, 1953).[49] 미국은 한국전쟁에서 포로수용소 전도활동에 자극받아, 중국인 포로수용소에서도 유사한 프로그램을 실행하려고 계획했다. 하지만 북한의 경우와는 달리, 중공군 포로 중에는 기독교도들이 거의 없었다. 포로수용소 내의 공산주의자들이 보기에, 종교적인 활동들은 정말 위협적인 것이었다. 공산주의자 포로들은 종종 군목들을 미국 제국주의의 스파이라고 비난했다. 그들은 선교사들이 설교하는 것을 끊임없이 방해하고 금지하려고 했다. 선교사인 군목들이 계속해서 수용소를 방문하는 동안, 공산주의 수감자들은 기독교도 포로들을 공격함으로써 선교사들과 종교에 증오와 그들의 좌절감을 표출했다. 포로들 가운데서 많은 희생자들이 나왔고, 그들은 보켈 선교사의 예배와 성경학교에 충실히 참석하던 사람들이었다.[50] 8월에, 포로가 된 교회 신자 한 명이 기도 모임을 마치고 돌아오던 길에 돌에 맞아 죽는 사건이 발생했다. 이 살인사건에 대한 소식이 모든 죄수들에게 전달되어, 기독교인들과 반기독교인들로 나누어진 외에 모든 포로들이 공산주의에 반대하거나 찬성하는 쪽으로 갈라졌다. 중립이 불가능해졌다. 그의 죽음은 더 많은 대립을 불러일으켰다. 죄수들은 편을 지어 서로를 집단적으로 공격하기 시작했다. 1951년 9월 17일, 공산주의자들이 장악했던 85수용동(compound)에서 16명의 우익인사들이 살해되었다. 그들 중 6명은 기독교인이었고 그 가운데 2명은 집사였다. 나중에 알려졌지만, 살해된 집사 1명의 성경통신학교의 교과목 점수는 96점이었다. 그는 완벽한 학생이자 기독교도였다. 공산주의자들이 통제하는 수용동에서 우익으로 분류된 포로들은 죽음의 공포로 인해 침묵하거나 동조할 수밖에 없었다(Voelkel, 1953). 반공포로들이 우위를 점하는

49) 앞의 책, p. 19.

50) Rodger R. Venzke, Confidence in Battle, Inspiration in Peace: The United States Army Chaplaincy 1945-1975 (Washington, D.C.: U.S. Government Printing Office, 1977), 5:94.

포로수용소에서 설교하는 보켈 선교사

수용동에서는 경계위원회를 설치하여 좌익의 소수 포로들이 기습공격을 하지 못하도록 경계했다. 공산군 출신 포로들은 강압전술을 구사하며 포로수용소 내에서 손쉽게 우위를 점했다. 우익인사들은 제네바 회의에 기초하여 수용소의 규칙을 준수했다. 수용소 내에서 폭력을 행사하지 않고 폭력이 자행되는 것도 반대했다는 뜻이다. 반면에 공산주의자들은 폭력을 그들의 주장을 실현하는 수단으로 이용했다. 한쪽은 규칙을 어기며 폭력을 사용하고 한쪽은 규칙을 지켜 폭력을 쓰지 않았다. 이런 까닭에, 좌익 포로들이 주도적이었던 포로수용동에서 생활하던 소수의 그리스도인들은 포로수용소 당국에 의해 안전한 곳으로 이송되었다. 살해사건 이후 그리스도인들과 공산주의자들 사이의 안전장치가 만들어진 것이다(Haga, 2007).

보켈 선교사는 북한에서 피난 온 피난민 교회 중 최초의 평양교회가 세워지는 일에도 공헌하였다. 다음은 평양교회 설립에 관한 김윤찬 목사의 간증이다.

1951년 5월 마지막 주일에 김윤찬 목사(숭실전문학교 다니다 신학을 접하여 평양신학교에서 공부, 순교)는 옥호열 선교사를 만나서 사정을 했다. "옥 목사님, 부탁이 하나 있습니다." "그래요? 무슨 부탁입니까, 김 목사님?" "포로수용소의 하나님의 사역도 중요한 일이라 생각합니다. 또 저는 그것을 제게 맡긴 하나님께 항상 감사하고 있습니다. 하지만 저 피난민들을 좀 보십시오. 노천에서 벌써 3주간 예배를 드렸습니다. 우리는 모두 다 주님의 귀한 아들 딸 입니다. 그러니 저들도 교회가 있었으면 합니다." "교회요?" "그렇습니다, 옥 목사님. 우선 바람과 비만 막을 수 있게 천막 정도면 만족할 수 있습니다. 옥 목사님, 우리는 도움이 필요합니다. 천막 몇 개만 구해주시면 정말로 큰 은혜가 되겠습니다." 옥호열 선교사의 입가에 미소가 흘렀다. "김 목사님, 저도 평양사람입니다. 그러니 이북에서 온 피난민들을 돕는데 앞장서야겠지요." 김윤찬 목사는 옥 선교사의 말이 고마워서 그의 손을 덥석 잡았다. 그로부터 3일 후 옥호열 선교사는 대형천막 6개와 널판지 6트럭을 실어와 보수산 위에 내려놓았다. 널판지는 포로수용소에서 쓰는 물품들을 나르는데 쓰이는 포장용 나무상자들이었지만 그런대로 쓸만했다. 이것들을 이용해 교인들은 천막 4개를 잇고 널판지를 대서 건물을 지으니 볼품은 없었지만 그래도 비바람을 막아주는 훌륭한 예배당이 되었다. 이름을 "평양교회"라고 지었으니 이것이 바로 북한에서 피난 온 피난민교회 중 최초의 것이었다.[51]

휴전회담은 1951년 7월부터 시작되었지만, 전쟁포로 교환은 가장 논란이 많은 이슈였고 1951년 12월부터 의제로 다루어졌다(김승태, 2004). 16명의 포로들이 공산주의자 포로들에게 살해 당한 이후 85포로수용

51) http://www.newspower.co.kr/sub_read.html?uid=25279

동(compound)에 있었던 그리스도인들은 혈서를 써서 탄원서를 작성하였다. 그들은 공산주의 북한으로 이송되느니 차라리 죽음을 택하겠다고 피로써 청원한 것이다. 이러한 청원들은 보켈 선교사에게 맡겨졌고 포로수용소 본부에도 전달되었다. 수 일 만에, 모든 수용동 안에 있던 기독교인 전쟁포로들도 같은 내용의 혈서를 썼다. 신문보도에 따르면 이 혈서는 "휴전 회담에서 가장 강력한 선전 무기가 되었다."[52] 그리고 이 기독교인들은 나중에 '포로의 본국송환'에 반대하는 적극적인 리더가 되었고, 공산진영의 포로송환 요구에 맞서 반 공산주의(反 共産主義) 시위를 조직했다(Voelkel, 1953).

휴전회담이 진행되는 동안, 전쟁 포로에 대한 논란은 더욱 복잡해졌다. 유엔군 관리 하의 포로수용소에 다양한 종류의 포로들이 있었기 때문이다. 중국인과 북한인이 있었고, 공산주의자와 비공산주의자가 있었다. 이들 중 일부는 개인적인 이유로 본국 송환을 강력하게 반대했다. 주요 쟁점은 북한과 중국 포로들 가운데 본국 송환을 희망하지 않는 자들의 처리 문제였다. 기록에 따르면, 1953년 7월 현재 유엔군이 구금 중이던 중국인 포로는 모두 20,344명이다. 이 중 72%에 해당하는 17,704명이 본국 송환을 원치 않았다. 대다수는 공산당에 반대하는 민족주의 군인들이었다. 이들 대부분은 유엔에 구금되자마자 중국으로 돌아가고 싶지 않다는 의사를 분명하게 표명했다.[53] 포로로 잡혔다는 것 자체가 문제였다. 그것은 포로들은 항복한 것이 아니라 반역죄를 범한 것이었기 때문이다. 그런 까닭에, 일부 공산당원들조차 '반역죄'에 대한 처벌을 두려워했고, 공산주의 정부에 대한 불신 때문에 중국으로 돌아가는 것을 원치 않았다.

52) "Missionary Tells of Red Brutality in War Camp," The Post-Standard, 15 October 1953.

53) Meyers and Bradbury, "The Political Behavior of Korean and Chinese Prisoners of War in the Korean Conflict: A Historical Analysis," 252-253.

트루먼 대통령은 이 문제에 대해 강력한 개인적 신념을 가지고 있었다. 본국 송환을 강력히 거부했던 1945년 러시아 병사들의 경험은 트루먼에게 깊은 영향을 미쳤으며, 그는 자유를 원하는 수감자들을 공산주의 치하로 되돌려 보내는 것은 도덕적으로 잘못되었다고 확신했다.[54] 미군 심리전 단장인 맥클루어 장군(General Robert McClure)도 이 점에 동의했다. 그는 포로들의 자발적인 의사를 존중하는 것이 미국의 미래 심리전에 긍정적인 영향을 미칠 것이라고 보고했다. 아울러, 아시아에서 정책을 펼치는데도 힘을 실어 줄 것이라고 지적했다. 맥클루어 장군은 포로들이 자발적으로 갈 곳을 정하도록 하자고 강력하게 주장했다. 1952년 1월, 미 국방부, 중앙 정보국(CIA), 국무부는 공산주의자들이 정전 회담을 깨고 전쟁을 연장하도록 획책하더라도 포로들의 자발적인 송환을 지원하기 위해 모든 부처가 발빠르게 대처하자고 합의했다.[55] 트루먼의 태도는 단호했다. 만약 공산주의자들이 자발적인 송환을 거부한다면, 미국은 기꺼이 계속해서 싸우며 고통을 감수할 것이라고 선언하였다. 트루먼 대통령의 결정은 그 당시의 여론을 반영한 것이기도 했다. 자발적인 송환에 대한 공개적인 담론은 1952년 초부터 심화되어 왔다. 이때는 휴전회담이 전쟁 포로에 대한 논의로 지지부진하게 흘러가던 시기였다. 난민 단체, 민간 구호 기관, 그리고 자발적인 송환을 지지하는 종교 단체들이 보낸 수많은 편지와 전보들이 국무부와 백악관에 도착했다. 공산주의 치하로 돌아가기를 거부하며 차라리 죽음을 달라고 절규하는 포로들을 구해야 한다는 종교적인 소명이 겹쳐, 자발적인 송환에 대한

---

54) Robert H. Ferrell, ed., Off the Record: The Private Papers of Harry S. Truman (New York: Harper & Row, Publishers, 1980), 250–251. See also Harry S. Truman, Memoirs by Harry S. Truman Vol.2 Years of Trial and Hope (Garden City, NY: Doubleday & Company, Inc., 1956), 460.
Ibid. See also Foot, A Substitute for Victory, 89.

55) Truman, Memoirs by Harry S. Truman Vol.2 Years of Trial and Hope, 461.

그들 단체의 호소는 더 강력한 여론을 만들었다. 교회 및 관련 단체들과 언론들은 전쟁포로를 대상으로 한 사역과 성공사례에 대해 집중적으로 보도하기 시작했다. 이러한 상황에서 보켈 선교사의 전쟁포로 대상 사역이 널리 알려지게 되었다. 1951년 12월을 전후하여 벌어진 일이다.

미국 전역의 지역신문들은 선교사들이 어떻게 공산주의 전쟁 포로들을 개종시켰는지에 대해 보도했다.[56] 그들은 종교가 인간의 마음속에 공산주의의 사슬을 끊는 데 효과적인 무기임을 증명했다고 썼다. 또한 공산주의자들이 기독교를 근절하려 애쓰는 이유에 대해서도 분석했다. 모든 종교 중에서 기독교가 그들의 이념과 권력에 대한 가장 큰 위협이었기 때문이라는 결론이었다. 종교는 냉전시기 이념적 전투의 승패를 결정하는 중요한 요소였다. 트루먼 대통령은 종교적 자유를 소중히 여기고 공산주의와 싸우기 위해 반공산주의의 종교 동맹을 만들 생각을 하고 있었다. 다수의 미국 국민들도 이 생각에 동의하며 트루먼을 응원했다. 설령 휴전 협상이 지연된다 하더라도, 자발적인 송환의 원칙을 지지했던 것이다.

북한과 중국인 포로 가운데 본국 송환을 거부한 비송환 포로의 숫자는 미국 정부가 간과하기에는 너무 많았다. 북한인 포로(한국인을 제외한) 104,024명 중 33,462명이 송환을 거부했다. 이는 북한군 전체 포로의 약 32%에 해당하는 숫자였다. 그들 중 1만 명 이상이 기독교인들이었고, 대부분은 포로수용소 안에서 새로 신앙을 얻은 기독교인들이었다. 또한 14,227명의 중국인 포로들이 본국 송환을 거부하였다(Haga, 2007).

청원서를 제출한 이후에도 수용소에 있는 그리스도인들은 강제 북송

---

56) "Korean POWs Hold Service," The Fredericksburg News (November 8, 1951), "Some Are Converted: Missionaries Working With Red Prisoners and Internees," Panama City News-Herald, 8 Jan 1952); and "Missionaries Convert POW's: Christians Find Large Field For Work Among Reds," The Herald-Press, 8 Jan 1952).

반대 시위를 하고 반공산주의 현수막을 내걸면서 자신들의 북송에 대해 뚜렷하게 반대 의사를 표명하였다. 그들은 국제적십자를 통해, 자신들이 남한에 잔류할 권리가 있음을 주장하였다(Voelkel, 1953). 이처럼 혈서를 써가면서까지 강제 포로송환에 반대했던 사람들을 보켈 선교사는 다음과 같이 기록했다.

> 1951년 한여름에 판문점에서 휴전회담이 열렸다. 이 회담의 핵심안건은 포로교환이었다. 오래지 않아 이 소식이 거제도에 전해졌다. 휴전회담이 시작되었다는 소식에 공산주의자 전쟁포로들은 열광했다. 그전까지는 수용소 내의 공산주의자들은 조용히 지내며 대부분 자신의 정체를 숨기고 있었다. 회담의 개최와 북한의 존재는 공산주의자들에게 수용소 내에서 폭력 및 난동을 일으키게 하는 요인이 되었다. 북한으로 돌아가기 위해서 공산주의자들은 테러에 가담해야 했다. 모두가 그것을 알고 있었다. 수용소 내에서 공산주의자 포로들의 모임이 시작되고, 테러에 관한 계획이 만들어지면서 기독교 포로들을 조직적으로 살해하는 사건이 발생했다. 기독교도 포로들은 혈서로 청원서를 작성했다. 공산주의 치하로 돌아가느니 차라리 죽여달라는 내용이었다. 비기독교인 우익인사들이 이러한 청원에 가담하였다. 청원서는 국제사회에 큰 반향을 불러일으켰다. 역사적인 사건으로 발전한 이러한 청원 운동을 기독교인들이 주도한 것이다.
>
> 궁극적으로 유엔은 그리스도인들에 의해 시작된 강제송환반대 안을 승인하였다. 유엔은 모든 포로들에게 북한으로 돌아갈지 남한에 남을 것인지를 개인적으로 자유롭게 결정할 수 있는 권리를 허락했다. 결정을 내리는 절차는 질서 있게 이루어졌다. 질문지에 편향성이 있다며 문제를 제기한 공산주의자들이 있었는데, 내 견해로는 오히려 공산군에게 유리한 질문이 더 많았다. 예를 들면 다음과 같다.

1. 당신은 송환되기를 원하는가?

2. 당신은 죽음으로 송환되기를 거부하는가?

3. 당신이 송환되기를 거부한다면 당신의 가족이 고통을 받게 되리라는 것을 알고 있는가?

4. 당신은 포로교환 시, 북한으로 되돌아가기 원한다면 즉시 북한으로 떠날 수 있고 북한으로 되돌아가기를 거부할 경우 남한에서 수용소에 오랫동안 남아있을 것을 알고 있는가?

5. 만약 북한으로 되돌아가지 않으면 유엔은 당신의 재정적 도움을 주지 않을 것이라는 사실을 알고 있는가?

6. 정말 북한으로 절대 되돌아가지 않을 것이라고 결정한 사람들은 위의 내용을 잘 이해하고 있는가?

7. 북한으로 송환되는 것을 반대하더라도 만약에 당신이 강제로 북한으로 송환된다면 당신은 어떻게 할 것인가?

사실상 협박에 가까운 문항들이 있었음에도 불구하고(이러한 문항이 없었다면 공산주의자들은 강제송환 반대안 자체를 거부했을 것이다.) 6만 여 명의 포로들이 북으로 강제송환 되는 것을 거부했다. 서방에서는 그들에게 공산주의에 반대하는 가장 강력한 홍보물을 전달하였다. 공산당 치하에서 살아본 사람, 그들을 위해 참전했고 그들의 속성을 아는 사람들은 공산당을 거부하였다. 전쟁포로사역은 나에게 있어 가장 행복한 사역이었고 내 생애에서 가장 열매가 많은 사역이었다. 돌이켜보면, 인천에서 우연히 포로수용소를 방문한 것이 하나님의 섭리다. 15만 명의 포로들을 위해 사역하라고 하나님께서 나에게 소명을 내려주신 것이다. 나는 그 점을 확실하게 인식했다. 하나님은 나를 인도하시고, 보호하시고 그 사역이 잘되도록 해주셨다. 하나님은 설교, 교육 및 심방에 참여하며 희생적으로 헌신할 수 있는 많은 선교사와 한국 목사들을 양육하셨다.

> 하나님의 도우심은 이러한 사역을 진행 함에 있어 너무나 분명하였고 놀라웠고 가끔은 그러한 기이한 일들로 인해 웃을 수밖에 없을 때도 있었다. 철조망 뒤에 있는 사람들(포로수용소에 갇힌 사람들)을 하나님은 빛나는 그리스도인들의 삶으로 이끄셨고 훈련하며 격려하셨다.

휴전협정이 진행되는 동안, 포로수용소 내에서는 물리적 충돌이 끊이지 않았다. 1952년 2월 18일에 거제도 62수용동에서 친공포로들이 포로심사를 거부하는 과정에서 커다란 충돌이 발생했다. 77명의 포로가 사망하고 140명 이상이 부상당했다. 또한 이 과정에서 1명의 미군병사가 사망하고 4명이 부상하는 사고가 발생하였다. 중단되었던 포로 심사를 재개하는 과정에서, 5월 7일에는 포로수용소장인 도드(Francis T. Dodd) 중장이 공산주의자 포로들에게 납치되는 사건이 발생하였다. 도드 중장은 4일이나 포로들에게 억류되었다. 그러나 유엔은 포로 심사를 강행하였고, 강제 포로송환을 반대하는 반공포로들이 부산, 마산, 영천, 논산, 광주 등 내륙의 수용소로 이송되었다. 포로들 중 기독교인들은 거의 반공포로였기에 포로선교의 활동 장소도 거제도에서 내륙 수용소로 옮겨졌다. 1952년 5월, 보켈 선교사는 강신정 목사와 함께 경상북도 영천으로 가서 포로 선교를 계속하였다. 보켈 선교사는 영천 포로수용소 외에 4곳의 수용소를 순회하면서 활동했다. 얼마 후, 마산수용소는 박지서 목사, 부산수용소는 디캠프 선교사, 광주수용소와 논산수용소는 커밍 선교사가 사역하였다. 아직 포로 신분이었던 임한상 목사는 논산수용소로 이송되어 선교활동을 계속하였다. 영천에 수용되어 있었던 민간인 반공포로들은 3일에 걸쳐 반공시위를 하며 석방을 요구하였다. 500명씩 나누어 수용된 27,000명의 포로들이 연일 번갈아 노래를 부르고 소리를 지르고 애국가를 부르면서 시위하였다. 마침내 1952년 6월 29일 미 국방부는 미8군 사령관에게 송환거부의사가 확실한 민간인 반공포로 27,000명을 한국정부에 넘겨 석방할 것을 승인하였다(김승태, 2004, 재인용).

이때의 상황을 보켈 선교사는 다음과 같이 기술하고 있다.

> 민간인 억류자(Civilian Internees: CIs)로 분류되었던, 영천 캠프에 수용된 전쟁포로들은 3일 간 반공산주의 데모를 하며 석방을 요구하였다. 포로가 된 이후 2년 간 억눌려왔던 감정들은 흥분한 상태로 폭발되었다. 오후 12시 30분 일요일 방송을 통해서 우리 모두를 놀라게 만든 소식이 발표되었다. 유엔 지휘부가 수 천 명의 민간인 억류자들을 석방하기로 결정한 것이다. 포로수용소를 지휘하는 대령이 몇 분 후에 나에게 전화를 걸어 민간인 억류자들이 석방될 것임을 알려주었다.
>
> 2시에 각 수용동의 민간인 억류자들이 군대 대형으로 집합하였고 목소리가 큰 사람이 선발되어 앞으로 나왔다. 경례를 받은 대령은 유엔의 결정문을 읽어 내려가기 시작하였다. "내가 공식적인 발표를 하려고 한다." 현장에 모여 있던 미국 관리들에게도 이것은 매우 중대한 발표였다. 억류자들과 관리들 사이에서 죽음과 같은 침묵이 흘렀다. 아마도 일부는 수 일간의 격정적인 데모로 인해 총살을 당할지도 모른다고 생각했을지 모른다. "유엔은 여러분의 석방을 허락하는 계획을 승인하였다." 대령의 영어를 한국어로 통역한 사람이 바로 나였다. 나는, 내가 할 수 있는 한 가장 천천히, 그리고 명확하게, 수 천 명의 억류자들에게 역사적인 메시지를 전달하였다. 그 소식은 우리 미국인들에게도 청천벽력과 같은 놀라운 일이었다. 모두들 잠깐 동안은 아무 반응도 없었다. 그들이 들었던 말의 의미를 깨달은 후 대혼란이 발생하였다. 흥분과 감격의 도가니가 되면서 그들은 춤을 추었고 기쁨의 눈물을 흘렸다. 군대 계급장도 상관 없었다. 모두들 서로 얼싸안으면서 감사의 표현을 주고받았다. 전체 수용자 27,000명에게도 자유의 메시지가 전달되었다. 각 수용동마다의 반응은 똑같았다. 그들이 오랫동안 듣기를 원했던

말이지만, 그들은 처음에는 믿을 수 없다는 반응을 보였다. 수 년 동안 석방을 꿈꾸며 기도하고 노력했던 사람들이 자유의 몸이 되어 풀려나는 것은 얼마나 놀라운 일인가. 비로소 자유가 그들이 것이 되고, 자유의 그 날이 마침내 도래했다는 사실을 믿기란 그렇게 쉽지 않았을 터이다.

하나님은 민간인 억류자들의 반응을 통해 내게 말씀하셨다. 나는 포로들의 석방보다도 더 소중한 것을 얻었다. 성경 속의 풍요롭고 영원한 수많은 약속들은 다 내 것이 된 것 같았다. 나는 내가 더디게 믿고 감사하는데 주저하는 사람이라는 것을 알고 있었다. 한 순간에, 내가 기도하고 원했던 것들이 이미 예수님 안에서 내 것이 되었다. 왜 내가 믿음으로 그것들을 취하지 못했을까? 그렇다. 취하지 못할 이유가 무엇인가?

날마다 수 천 명의 전쟁포로들이 수용소를 떠날 때, 나는 그들과 기차역까지 함께 걸어가면서 그들을 축복하였다. 기독교 포로들은 전쟁포로 연합회(POW Alumni Associations)를 구성하여 그들 간의 친교를 계속하기로 결정하였다. 석방된 그리스도인 포로들이 자신들이 정착한 곳에서 무엇을 하고 있는지를 알려주는 편지들이 이후로도 오랫동안 나에게 날라왔다. 남한 전역에서 보내온 편지들이었다. 자유가 된 민간인 억류자들은 지역교회에 참석하고 고아원을 세우고 학생들을 가르치거나 신학교에 입학하는 등의 활동을 하였다.

도드(Francis T. Dodd) 중장이 납치되는 사건이 있었음에도 불구하고 트루먼 대통령이 자발적인 의사에 기초한 송환에 대해 확고한 의지를 보이고 있었다는 점은 앞에서 말한 바와 같다. 거제도에서 이러한 폭동이 전파되는 것을 막고 모든 포로수용동을 통제하기 위해 유엔당국은 보아트너(Boatner) 장군을 새 포로수용소장으로 임명하였다. 보아트너 장군은 거제도에 있는 모든 중국인 포로들을 제주도로 옮기도록 결정했다. 이를 통해 그는 공산주의자들이 주도하던 포로수용동을 다시 통제할 수 있었다(Haga, 20017). 중국인 포로선교는 중국에서 선교한 경험이 있고 중국어에 능통했던 우드베리 선교사와 한병혁 목사, 이대영 목사를 통해 이루어졌다. 중국인 포로수용소에서는 사역 첫 달에 600명의 중공군 사병들과 75명의 장교가 그리스도를 주님으로 영접하는 회심의 역사가 나타났다. 첫 3달 동안에 수 천 명의 사병들과 493명의 장교가 등록하였다. 그리고 이후에도 하나님 앞으로 회심해 주님을 영접하는 결신자들이 꾸준히 늘어났다(Woodberry 1952, 김승태 2004, 재인용).

포로송환 문제가 발목을 잡아 휴전협정 회의는 공전(空轉)을 계속했다. 이 시기에, 유명한 복음전도자인 빌리 그레이엄 목사(Rev. Billy Graham)가 한국을 방문하였다. 1952년 12월이었다. 그는 당시 아이젠하워 대통령 당선자의 개인적인 친구였다. 1952년 11월 대통령 선거에서 미국 국민은 아이젠하워를 선택했다. 아이젠하워도 공약을 지켜 1952년 12월 당선자 자격으로 한국을 방문했다. (공식 임기는 1953년 1월부터 시작) 그레이엄 목사는 특별 권한을 부여받아 전투지역을 포함, 한국의 모든 곳에 출입할 수 있었다. 3주 동안 한국에서 그는 많은 사람들을 만났다. 선교사들, 이승만 대통령을 포함한 정치 지도자들, 한국의 교회 지도자들, 야전 장군들. 그는 또한 군인들과 이야기하고, 전쟁포로수용소를 방문했다. 한국 방문 이후 그는 아이젠하워 대통령 당선자를 만나 포로수용소에서 받았던 혈서를 전달하였다.

1953년 취임한 아이젠하워 대통령은 전임 트루먼 대통령의 정책을 모두 수용하지는 않았다. 하지만 기본적으로 한국전쟁을 빠른 시간에 종결하고자 하였다. 이승만 대통령과 한국인들은 휴전에 반대했지만 아이젠하워 정부는 휴전을 위해 노력하였다. 새로 들어선 아이젠하워 행정부 하에서 미국의 교회들은 좀 더 적극적인 역할을 수행하였다. 예컨대 다음과 같은 일이다. 미국교회협의회는 아이젠하워 행정부가 한국전쟁의 빠른 휴전을 위해 포로강제 송환에 대해 공산주의자들과 타협할

지도 모른다고 우려했다. 그들은 덜레스 국무장관을 만나 한국인의 삶에서 기독교의 중요성, 한국교회가 공산주의자들에게 당한 핍박, 전쟁포로와 난민들의 고통에 대해 이야기했다. 휴전에 대해 한국정부와 미국정부 사이에 이견이 발생한 상황에서, 이승만 대통령은 1953년 6월 18일 정치적 결단을 내린다. 포로수용소 철조망을 지키던 보초들이 철조망을 잘라 27,451명의 북한 반공포로들이 수용소를 탈출하도록 한 것이다(Haga, 2007). 역사가들이 이승만 대통령의 탁월한 업적 가운데 하나로 평가하는 '반공포로 석방'이다. 한미상호방위조약에 따라 전시의 한국군은 미군 사령관의 지휘를 받게 되어 있었지만, 이 대통령은 규정 상 미군의 지휘를 받지 않아도 되는 한국 헌병을 활용했다. 이때 미처 탈출하지 못하였거나 탈출했다가 다시 붙잡혀온 반공포로들은 휴전협정 후에 중립국 감시위원회에 넘겨졌다. 그들은 재심사를 받고 각자의 희망에 따라 처리되었다. 여기서 주목할 점이 있다. 북한 출신 포로의 절반 이상과 중국인 포로 가운데 2/3 이상이 자기 고향이나 가족의 품으로 돌아가는 대신, 아무런 연고가 없고 그래서 미래도 불안정한 자유 세계에서의 삶을 자발적으로 선택하였다는 사실이다(김승태, 2004).

1953년 6월 8일 포로송환 협정을 통해 귀국을 원하는 포로를 휴전 후 60일 내로 송환하기로 한후 1953년 7월 27일 휴전협정이 체결되었다. 다음날 아이젠하워 대통령과 덜레스 국무장관은 "침략을 성공적으로 구축(驅逐)하였으며 포로의 자원송환원칙을 지켰다"는 요지의 연설을 하였다(미국합동참모본부사, 1991; 재인용 김보영, 2009). 이러한 과정에서 '빅 스위치 작전'을 통해 유엔은 12,773명의 한국군과 유엔군 포로를 되돌려 받았으며 70,183명의 북한 사람들과 5,640명의 중국인들은 공산 진영으로 돌려보냈다(Haga, 2007; 국방부, 2007). 중국인 포로선교는 중국으로 파송한 선교사인 우드베리(Earle J. Woodberry)에 의해 진행되었다.[57]

57) 우드베리 선교사는 보켈선교사와 같이 군목으로서 한병혁 목사와 이대영 목사와

전쟁포로 사역 보켈 선교사와 박치서 목사

휴전이 조인되자마자, 아이젠하워 행정부는 유엔의 보호하에 있는, 송환을 거부한 22,604명의 포로들에게 눈길을 돌렸다. 그들은 '송환거부 포로의 존재는 그 자체가 공산주의에 맞서 지금까지 자유세계가 성취한 가장 큰 심리적 승리 중 하나'라고 인식하였다(Foot, 1990). 33,462명의 북한인과 14,227명의 중국인이 죽(竹)의 장막으로 돌아가지 않기로 결정했다. 이 모든 사실들은 미국인들에게 그들이 가진 자유 민주적인 정부 시스템이 공산주의 정부 시스템보다 더 낫다는 것을 알려주는 살아있는 증거가 되었을 것이다(Haga, 2007).

한국은 냉전 시대의 주요 상징이 되었다. 한국 전쟁 기념비도 세워졌다. 1950년 7월부터 1953년 7월까지의 미국민들과 미국정부의 희생을 기리기 위해 워싱턴 DC에서 "자유는 공짜가 아니다" 라고 새겨진 기념비였다. 미국 교회에서는 선교 활동의 성공으로 인해 전쟁 포로수용소가 종교적으로 매우 중요한 의미로 인식되었다. 미국 성경 협회는 한국

함께 포로선교를 시작하였다. 우드베리 선교사에 대해서는 김승태(2004)의 논문에 자세하게 기술되어 있다.

어 신구약합본 및 신약성경을 포로들에게 보냈다. 시카고의 무디 성경 연구소는 50만 권의 한국어 판 성서를 보냈다. 밥 피어스 목사의 선교단체 월드비전에서는 수용소에서 열리는 예배에 꼭 필요한 휴대용 오르간, 트럼펫, 트롬본, 아코디온, 플룻, 하모니카와 같은 악기들을 제공했다. 미국 교회들은 또한 수용소 안에 있는 성경 연구소를 위해 필기도구, 시계, 운동 기구를 보내기도 했다(Haga, 2007).

한국전쟁 당시 포로사역에 여러 선교사들이 관여했지만, 그 중에서도 보켈 선교사의 활동이 가장 뚜렷한 족적을 남겼다. 모두들 그 사실을 인정했고 보켈 선교사를 상찬했다. 1952년, 미 육군은 보켈 선교사에게 '자유의 메달'을 수여했다. 미국에서 가장 높은 등급의 시민 훈장이다. 한국 정부도 보켈을 표창했다. 많은 죄수들의 전향에 대한 그의 기여를 인정하기 위해서 그에게 복지 메달(Welfare Medal)을 주었다. 석방된 죄수들이 설립한 인천의 한 학교는 그의 이름을 따서 지어졌다. 1953년 빌리 그레이엄이 소개한 그의 저서 『철조망 뒤의 한국』(1953)은 미국에서 5만 부가 팔렸다.[58] 전쟁 포로의 이야기를 담은 책이었다.

미국 군목 역사연구가인 벤츠케는 보켈의 사역을 역사상 가장 주목할 만한 사역 중 하나라고 높이 평가하였다.[59] 벤츠케에 따르면 보켈의 사역은 6만 명 정도의 포로들이 북한으로 돌아가지 않도록 영향을 미쳤다.[60] 북한으로 송환된 거의 대부분의 포로들이 이후 사실상 반 감금상태에서 강제노역에 시달리다 생을 마감한 사실을 생각하면, 보켈은 6만 명의 삶을 구원한 것이나 마찬가지다. 그는 하나님의 구원사업을 지상에서 대리한 주님의 훌륭한 종이었다.

---

58) Rhodes and Campbell, History of the Korea Mission Vol.2, 51.

59) Venzke, Confidence in Battle, Inspiration in Peace, 78.

60) Venzke's figure included the ROK troops and civilians as well. See ibid., 79. See also Brown, Mission to Korea, 198.

한국 전쟁 기간 동안 미국의 기독교와 정치지도자들은 공산주의에 대항하여 확고한 자세를 취하면서 한국전쟁에 큰 역할을 감당하였다. 한국전쟁동안 한국에서 사역했던 선교사들의 전도 및 봉사활동은 기독교의 역할이 국제적으로 중요한 의미를 가지게 하였다. 이러한 기독교의 영향은 한국전쟁이 발발하기 66년 전에 뿌리를 내렸다. 첫 번째 미국의 선교사가 한국 땅에 도착한 때부터 시작되었다. 만약에 선교사들이 한국 땅에 오지 않았더라면 근대 한국의 발전은 더 좋은 경로이든 더 나쁜 경로이든 간에 지금과는 다른 방식으로 이루어졌을 것이다. 그리고 해방이후 한국전쟁 전까지의 한국사회에, 한국 전쟁 기간 동안에 한국사회에 기독교가 없었다면 과연 어떠한 일이 발생했을까? 한국 전쟁이 일어난 후 한국의 기독교와 선교사를 통한 네트워크가 없었다면 공산주의자의 침략으로부터 한국을 지켜야 한다는 미국민의 지지를 이끌어낼 수 있었을까? 역사에 가정은 없다고 하지만, 많은 것들을 생각하게 하는 질문들이다. 어쩌면 이 모든 것이 전부 하나님의 섭리였는지도 모르는 일이다.

VIII.

숭실대학교와 보켈 선교사[61]

보켈 선교사의 한국에서의 마지막 10년은 숭실대학교에서 가르치고 행정을 책임진 것으로 요약될 수 있다.

보켈 선교사는 한경직 목사와 프린스턴신학교 재학 시절 같은 반에서 공부하던 친구 사이다. 나이는 보켈 선교사가 한경직보다 대여섯 살 더 많았지만, 두 사람 사이에서 그것은 아무런 문제가 되지 않았다. 함흥에서 흥남으로 대규모의 시민들을 피난시킨 보켈 선교사의 이야기를 들은 한경직 목사는, 생전에 '그것은 보켈 선교사가 아니고는 아무도 해낼 수 없는 큰일이었다'고 감격 어린 어조로 회고한 바 있다. 보켈 선교사는 평양 숭실대학이 서울에 재건될 때 여러 방면으로 노력하였고, 학교 시설이나 운영 면에도 적극적인 지원을 아끼지 않았다. 그렇다. 보켈 선교사는 오늘날 숭실대학교를 이룩하는 데 가장 큰 공헌을 한 인물 가운데 하나다. 그는 숭실대학 교수로 봉직하며 본국에서 보조금을 많이 받아 대학을 크게 확장시켰다. 한경직은 숭실대학 학장으로 있으면서 옥호열(보켈 선교사)을 교수로 초빙했고, 옥교수는 영락교회 협동 선교사로도 봉직하며 한경직 목사와 교회를 도왔다. 한경직과 옥호열은 평생 동안 친구로서 함께 일했고 은퇴 후 미국을 방문할 때마다 만남을 이어갔다.[62]

61) 8장은 『헤롤드 보켈: 가족 선집』(2012)을 중심으로 재구성하여 정리하였다.

한반도 최초의 4년제 대학인 숭실대학은 1897년 미국인 선교사들에 의해 평양에 세워졌다. 북선(北鮮) 제일의 교육기관으로 명성이 자자했던 숭실전문학교가 1938년 일제의 신사참배 강요에 불복했다는 이유로 강제 폐교를 당했다는 사실은 앞에서 언급한 바 있다. 재건 운동이 시작된 때는 1945년 9월 초다. 숭실대 졸업생 60여명이 평양시 서문 밖에 모여 대학 재건을 결의했던 것이다. 그들은 곧 구체적인 안을 작성하여 다시 모임을 열기로 하였으나 논의를 계속할 수 없었다. 소련군이 북한 전역을 점령하면서 공산당의 활동이 시작되었기 때문이다. 공산주의 치하에서 기독교 대학의 재건은 불가능한 과제였다. 숭실대 재건 운동은 그래서 서울에서 본격적으로 추진되었다. 하지만 이번에는 6.25 전쟁의 발발로 모든 계획이 중단되었다. 휴전협정 조인(1953년 7월) 이후인 1953년 12월 17일, 마침내 숭실대학 재건기성회를 구성하고 영락교회에서 제1차 회의를 개최하기에 이르렀다. 1차 숭실대학 재건기성회의에서는 한경직을 회장으로, 김양선(金良善: 1908~1970)을 서기로 선출하였다. 김양선은 1945년 8월부터 38선을 몇 차례나 오가며 기독교 관련 소중한 자료들을 남쪽으로 옮겨온 인물이다. 그것은 순교자를 각오한, 목숨을 건 행동이었다. 그는 훗날 소장품 일체를 모교 숭실대학에 기증했다. 그의 기증품은 현재 숭실대 구내 한국기독교박물관의 주요 전시품으로 관람객들과 만나고 있다.

첫 이사회에서 재단위원회와 설립위원회의 설치가 가결되었지만, 교사(校舍)와 기타시설이 전무한 상태였다. 성도교회 집사이자 평양 출신 실업가였던 박하서는 경기도 광주군 퇴촌면 우산의 임야 50만평, 경북 봉화군에 소재한 금광 4개소를 숭실대학 재건기성위원회에 기부했다. 이

62) 한경직 목사를 기념하며, 한경직 목사의 업적을 기리고 정리한 홈페이지에 한경직 목사의 프린스턴 신학교의 동기들을 소개하는 대목이 있다. 그 자료를 인용하고 정리한 것이다. https://www.hankyungchik.org/(S(4plwbawoycmpnv5sh5tmdyvo))/life/life05_05.aspx?menu_top=life&menu_sub=5&menu_thir=5&AspxAutoDetectCookieSupport=1

재산을 모체로 위원회는 문교부에 재단법인 인가원과 학교설립 인가원을 제출했다. 그리고 1954년 4월 12일 재단법인 숭실대학의 인가를, 동년 4월 15일에 대학설립 인가를 받았다. 1938년 3월 신사참배를 거부하여 폐교된지 16년 만이었다. 전쟁의 상처가 아직 사회 곳곳에 남아 있었고, 사회적 혼란과 경제적인 어려움 속에서 대한민국의 국가적 장래를 예측하기 어려웠던 시절이었다. 대학설립 인가를 받은 후 영락교회의 부속건물을 임시교사로 하여 숭실대는 재개교(再開校)의 고성(高聲)을 울렸다. 하지만 언제까지 영락교회에서 더부살이를 할 수는 없었다. 무엇보다도, 교사 신축문제는 시급한 당면과제였다.

1955년 4월 8일 이사회에서는 신축교사 건축을 위한 기금조성위원회를 결성했다. 숭실대 동창회에 기금염출을 진정하였고, 이어 마삼락 박사(1916~2015: Samuel H. Moffett)에게도 본관과 기숙사를 건축하여 줄 것을 부탁하였다. 마삼락 박사는 1890년 한국 선교사로 내한해 장로신학대를 설립하고 초대 총장을 지낸 사무엘 A. 마펫(한국명 마포삼열)의 3남으로, 1916년 평양에서 출생한 인물이었다. 마포삼열 목사가 평안남도 자작이란 곳에서 전도하다 만난 가족이 한경직 목사의 조부와 부친이었다는 일화가 있다. 숭실대 동창회에서는 2천만 환의 모금을 결의하였고, 미국 북장로교 선교부에서는 1만 불을 기부했다. 곧이어 현재 캠퍼스 자리인 상도동 부지에 33,477평을 마련하였다. 이러한 과정을 통해 1956년 9월 8일 석조 2층 1,037평의 신축교사를 착공하고 11월 17일 그 정초식을 가지게 되었던 것이다.[63]

1958년 10월 10일 상도동 캠퍼스에서 숭실대학 창립 61주년 기념식과

---

63) https://m.blog.naver.com/PostView.nhn?blogId=kjyoun24&logNo=220079035814&proxyReferer=http%3A%2F%2Fwww.google.com%2Furl%3Fsa%3Dt%26rct%3Dj%26q%3D%26esrc%3Ds%26source%3Dweb%26cd%3D5%26ved%3D2ahUKEwia95qkoM_dAhVHEbwKHRKTDNkQFjAEegQIAxAB%26url%3Dhttp%253A%252F%252Fm.blog.naver.com%252Fkjyoun24%252F220079035814%26usg%3DAOvVaw27EinxSWhiVnmNd0XLi3ih

함께 신구학장 이취임식이 거행되었다. 김성락이 제7대 신임학장으로 취임하였을 때 숭실대는 경영 면에서 극심한 시련을 겪고 있었다. 학장이 취임하여 거주할 주택도, 학교의 행정 차량도 없는 실정이었다. 이러한 운영난을 타개하기 위하여 김형남과 김성락은 1959년 8월 미국 각지를 순회하며 원조를 요청하였다. 김형남은 1957년 숭실대학의 재단이사장에 취임했고 김성락은 7대 학장으로 재직하고 있었다. 두 사람은 마침 안식년으로 본국에 귀국하여 있던 옥호열(Herold Voelkel) 박사를 만났다. 보켈의 노력에 힘입어 숭실대학은 퓨(Pew) 재단으로부터 2만 5천 불, 크로웰(Crowell) 재단으로부터 1만 불의 후원을 받았다. 이 기금은 제2기숙사를 건축하는데 소중하게 쓰였다. 보켈 선교사의 기금 모금 역량은 탁월하였다. 그는 앞서 말한 두 곳 외에도 휴 재단과 피어스 목사 등으로부터 기금을 받아 숭실대학에 전달했다.

보켈 선교사 및 그의 가족들이 숭실대학과 맺은 인연은 1954년 이후에도 계속된다. 한국전쟁이 시작된 후 보켈 선교사 가족은 일본에서 3년을 보냈다. 보켈 선교사가 한국에서 포로수용소 군목으로 활동하는 동안, 그의 가족들은 도쿄에서 생활하였던 것이다. 그들은 도쿄에 머무는 동안 그곳에서 한국인 교회를 도왔다. 휴전 이듬해인 1954년, 보켈 선교사의 가족은 도쿄에서 서울로 이주했다. 다음은 거투르드 보켈 여사가 회고한 내용이다.

> 숭실대학교에 1주일에 6시간씩 가르칠 수 있음에 감사한다. 나는 열정적인 학생들과 만나 하나님의 말씀을 가르치고 그들의 삶에 도전을 주었을 뿐 아니라, 영미 문학 및 영어 회화와 작문을 가르칠 수 있었다. 경희대학과 숭의여고에서 성경 수업을 진행하고, 방학 동안 집에서 성경을 가르칠 수 있었던 것은 온전한 기쁨이고, 가치 있는 경험이었다.

바로 앞 문단에서 '보켈 선교사 및 그의 가족들이 숭실대학과 맺은 인연

북장로교회 선교사들과 보켈 선교사
(1956년 6월, 대구에서. 한국전쟁 후 숭실대학교 재건에 도움을 준 사람들과 함께)

은 1954년 이후에도 계속된다고 쓴 이유가 있다. 훨씬 이전부터, 그들은 숭실대학과 뗄 수 없는 인연을 맺고 있었기 때문이다. 앞에서 여러번 이야기한 것처럼, 옥호열은 선교사 스왈론(W.L. Swallen)의 사위이다. 스왈론은 1901년 평양 숭실학당의 학교업무를 맡으면서 성경과 천로역정 과목을 가르쳤다. 뿐만 아니라, 그해 그의 부친으로부터 받은 유산 1,800원을 쾌척했다. 이 기금으로 숭실학당은 평양시 신양리 39번지에 23,819평을 구입, 2층 기와 건물인 도서관을 신축하여 숭실 발전의 기틀을 다질 수 있었다. 그 돈은 초기 숭실학당의 2층 기와 건물인 도서관의 건립비용으로 소중하게 쓰였다. 스왈

보켈 선교사부부

론은 김형남의 부인 우관실 여사의 친정인 강서군 초리면 송호리에서 사경회를 열곤 했다.

보켈 선교사 부부는 1957년부터 숭실대학교의 교수가 되어 영어와 성서를 가르쳤다. 옥호열 교수는 도서관장까지 역임하면서 도서관시설을 확장하였다. 1960년 숭실대학교 이사가되었고 1962년에는 명예이사로 추대되었다. 1963년 협동학장이 되었고 1967년 은퇴하여 귀국하는 마지막 날까지 숭실의 강단을 떠나지 않았다. 이와 같이 보켈 선교사는 부인과 함께 1957년부터 한국에서의 마지막 10년을 숭실대학교에서 봉사했다. 1969년 숭실대학교에서는 보켈 선교사의 은공을 기념하여 제1공학관을 준공하면서 보켈홀(Voelkel Hall)로 명명하였다. 한국 내 고등교육의 선구적 기관인 그곳에서 보켈은 교육과 행정 책임을 맡았다. 한국 선교사로 정년 퇴임할 때까지 그는 한국 선교 사업에 온몸을 바쳤으며, 숭실대학이 서울에서 재건될 때 물심

보켈 선교사의 환갑 기념식

옥호열 목사 환송기념(1967년 7월 9일, 영락교회에서)[64]

숭실대학교 개교식(1954년 5월 10일)[65]

양면으로 많은 공헌을 했다. 1976년 6월 25일 숭전대학교(현 숭실대학교)에서 명예 철학박사 학위를 수여받았다(김광수, 1992).

64) 한경직목사 기념사업회에서 제공.
65) 한경직목사 기념사업회에서 제공.

보켈 선교사와 프린스턴 신학교 동문들
1902-1955- "Soong Jum University Faculty Groups (Arthur Kinsler, Harold & Gertrude Voelkel on the right)"

옥호열은 은퇴 후 미국으로 돌아가 선교사 휴양지인 캘리포니아 웨스터민스터 가든에서 지내면서도 한국교회와 숭실대학교의 발전을 위하여 쉬지 않고 활동하면서 도움을 주었다. 그러던 중 1984년에 하나님의 부르심을 받아 소천(召天)하였다.

참고 문헌

김광수. (1992). 옥호열 편, 인물로 본 숭실 100년. 서울: 숭실대학교

김승태. (2004). 6.25 전란기 유엔군측의 포로정책과 기독교계의 포로 선교. 한국기독교와 역사. 21: 37-71

이종만. (2010). 한국전쟁기간 미국 북장로교회 한국선교부의 활동: 옥호열(Harold Voelkel) 선교사의 활동을 중심으로. 이화사학연구, 40(0): 201-244

김보영. (2009). 한국전쟁시기 이승만의 반공포로 석방과 한미교섭. 이화사학연구. 38: 183-206

국방부. (2007). 국군포로문제의 실상과 대책.

Clark, D. N. (2003). Living Dangerously in Korea: The Western Experience 1900-1950, Norwalk: EastBridge.

Ferrell, R. H. (1991). "Dulles, John Foster 1888-1959," Historical Dictionary of the Korean War Ed. by James I. Matray, New ork: Greenwood Press

Field, J. A. (2001). History of United States Naval Operations: Korea. Washington DC: U.S. Government Printing Office

Foot, R. (1990). *A Substitute fo r Victory: The Politics o f Peacemaking A t the Korean Armistice Talks*. Ithaca: Cornell University Press, 1990

Graham, F. & Lockerbie, J. (1983). Bob Pierce: This One Thing I Do. Waco: World Books.

Haga, K. Y. A. (2007). An Overlooked Dimension of the Korean War: the Role of Christianity and American Missionaries in the Rise of Korean Nationalism, Anti-Colonialism, and Eventual Civil War, 884-1953

Devine, M. J. (2001). *Korea in War, Revolution and Peace: The Recollections of Horace G. Underwood*. Seoul: Yonsei University Press

Immerman, R. H. (1999). John Foster Dulles: Piety, Pragmatism, and Power in U.S. Foreign Policy. Wilmington: Scholarly Resources Inc..

Leckie, R. (1962). Conflict: The History of the Korean War, 1950-1953. New York: G. P. Putnam's Sons

Schnabel, J. F. (1973). Policy and Direction: The First Year, Washington, D.C.: U.S. Government Printing Office

Underwood, H. (2001). Korea in War, Revolution and Peace. Seoul: Yonsei University

Voelkel, H. (1953). Behind Barbed Wire in Korea. Grand Rapids: Zondervan Publishing House

Weintraub, S. (2000). *MacArthur's War: Korea and the Undoing of An American Hero*. New York: The Free Press

Woodberry, E. (1952). Where the Supply of Scriptures is Never Enough. Bible Society Record

부록 1

한국의 철조망 뒤에서

(Behind Barbed Wire in Korea)

-2006년 5월 21일, 잭 보켈(Jack Voelkel) (보켈의 아들)

1950년 6월, 북한군은 38선을 넘어 남한을 대규모로 침략해 들어왔다. 며칠 후, 우리 가족과 대부분의 다른 외국 선교사들은 단 하나의 여행 가방만을 챙겨 일본으로 피난을 떠났다. 2주 후 어느 저녁에, 나의 아버지 해롤드 보켈은 우리 가족 다섯 명을 불러모았다. 아버지는 가족의 헌신을 기원하며 특별한 기도 제목을 말씀하셨다. 나는 아버지의 기도를 이렇게 기억한다.

> "우리는 지금 일본에 있다. 우리는 한국전쟁이 얼마나 길어질지 모른다. 아무도 모른다. 미국으로 돌아가야 하나? 일본에 계속 머물러야 하나? 우리는 아무것도 모른다. 오직 주님만이 아실 것이다. 자, 기도하자. 주님께서 우리에게 무엇을 해야 할지 분명하게 보여주시기를 기도하자."

일주일 후 나의 아버지 보켈은 한국으로 돌아가 군목(civilian chaplain)이 되어 달라는 미군의 요청을 받았다. 미군은 아버지에게 대령(colonel) 계급을 주었다. 덕분에 우리 세 명의 아들과 어머니는 일본에서 안전하게 지낼 수 있었다. 미군 숙소에 살면서, 미군 학교에 다니는 특권을 누릴 수 있었다는 뜻이다. 여동생은 미국에서 대학에 다니고 있었다.

9월에 아버지는 한국으로 부임했다. 전쟁 발발 후 몇 달 만에, 더글라스 맥아더 장군은 전세를 뒤집었다. 신속하게 인천항에 상륙해 북한 군대를 반으로 잘랐다. 유엔군은 15만 명의 전쟁포로를 붙잡았다. 그들은 한반도의 남쪽 해안에 위치한 거제도의 포로수용소로 보내졌고, 15,000명씩 10개의 수용동으로 나뉘어 수용되었다. 나의 아버지 보켈은 프린스턴 대학에서 철학 석사 학위를 받았고 프린스턴 신학교에서 신학을 공부하셨지만, 전도의 열정이 높은 분이었다. 프린스턴 신학교에 입학하기 전, 그는 무디 성경전문학교에서 공부했다. 무디 성경전문학교는 아버지에게 복음을 전할 것을 가르쳤다. 그리고 그러한 가르침은 아버지에게 평생의 사명이 되었다.

십대였을 때 나는 아버지(보켈)를 따라다니며 트럼펫을 불었다. '즐거운 소음'을 내며 아버지가 시골 마을에 있는 한국인들을 모으는 것을 도왔다. 사람들이 모여드는 동안, 나는 아버지가 생생한 삽화와 재미있는 설교로 그들의 관심을 사로잡는 것을 보았다. 강력하고 놀라운 복음 전도 방식이었다.

아버지는 북한군 포로 150,000명이 포로수용소에 갇혔다는 소식을 듣고, 그것이 유례가 없는 복음 전도의 기회라고 생각하셨다. 아버지는 그곳으로의 전직을 요구했다. 그리고, 그가 지니고 있던 뛰어난 재능을 모두 활용하여 일에 몰두했다. 사람들에게 복음을 전하는 일이었다.

그는 포로수용소에서 수많은 북한 사람들을 만났다. 그리고, 공포에 질리고 굶주린 것처럼 보이는 청년들을 만났던 첫 날의 경험을 이렇게 기록했다.

> 포로들은 '미군복을 입은 미국인이 한국어의 관용적인 표현을 써가며 말하는 것을 듣고 놀랐다'고 말했다. 시골 마을에서 20년간 설교를 하고 성경 학교에서 가르치면서 알게 된 생생한 한국어였다.
>
> 처음에 그들은 나라는 사람과 내가 던지는 질문에 대해 의심을 품었

다. 하지만, 내가 선교사라는 사실을 알게 되고부터 그들은 마음의 문을 열었다. 몇 분 만에 그들은 긴장을 풀고 예배에 열심히 참여했다. 찬송을 부르고 성경 구절을 암송했다. 짧은 메시지와 기도로 나는 모임을 마무리했다…

점점 더 많은 모임들이 조직되었고, 얼마 지나지 않아 만 명이나 되는 사람들이 예배에 참석했다. 마이크도 없었다. 찬송가와 복음성가의 가사는 신문 위에다 큰 글씨로 적었다. 그 중 가장 마음에 들었던 성가(聖歌)는 〈오직 주님만 믿으세요(Only Trust Him)〉[66]였다.

죄짐에 눌린 사람은 다 주께 나오라 우리 주님에게 긍휼이 있네
오직 그의 말씀을 의지할 때 주님이 평안을 주실 것이네
의지하세 의지하세 오직 주예수를 의지하세
구하시네 구하시네 곧 구하시네

이 찬송가의 가사 가운데는 귀중한 단어들이 가득하다. 평상 시 일상생활을 할 때도 가슴에 와닿는 내용이다. 하지만, 포로들에게는 이 노랫말이 보다 더 특별하고 귀중했다. 그들은 철조망에 갇힌 채 사랑하는 가족들도 보지 못하고, 생사의 고비를 겪었던 사람들이었다. 기다리고 있는 것이라고는 오직 '불확실한 미래'가 전부인 사람들에게, 이 찬송가의 가사는 단어 하나 하나가 귀하고 소중했을 것이다. 내 아버지 보켈 선교사는 그들에게 예수를 영접하라는 이야기를 자주 했고 점점 더 많은 사람들이 주님의 초청에 응답했다.

놀랍게도 아버지는 그들 중 일부가 이미 기독교 신자이며, 죄 없는 민간인이 북한군에 강제로 징집된 경우도 있다는 사실을 알게 되었다. 더불어

66) 이 제목은 찬송가 536장의 '죄짐에 눌린 사람'이라는 제목으로 번역되어 있다.

포로들 중에 몇몇 교회 관계자들도 있음을 알게 됐다. 9명의 장로, 18명의 복음 전도자, 35명의 신학교 학생들 그리고 심지어 경험 많은 목사까지.

아버지는 이들에게 도움을 청했다. 인근에 거주하던 몇몇 한국인 목사들과 포로수용소 내의 리더들이 아버지를 돕기 시작했다. 새 신자들을 위한 양육 프로그램을 함께 운영한 것이다. 그들은 새신자들을 교육시켰고, 세례의 중요성을 완전히 이해했는지 확인하기 위해 필기시험도 보았다. 아버지는 (포로수용소에서) 약 15,000명의 사람들이 그리스도를 영접했다고 말씀하셨다. 불과 3년도 되지 않는 기간 동안에 일어난 일이었다.

미국 성경 협회는 아버지에게 '기독교인들이 믿음 안에서 성장하는 것을 돕기 위해 신약성경과 한국어로 된 신구약 합본 성경을 보내 주겠다'고 제안했다. 포로수용소 내에 15개의 성경 학교가 세워졌다. 그 결과, 수천 명이 같은 시기에 성서 개요, 영어, 음악, 그리스도의 삶, 산상 수훈, 교회사, 그리고 웨스트민스터 교리 문답을 수강할 수 있었다. 한 텐트 안의 모든 남자들이 기독교인이 되었을 때, 그들은 텐트 꼭대기에 십자가를 세웠다. 그리고 자신들이 기거하는 곳을 기꺼이 성경학교 교실로 제공했다.

어느 날 아버지는 성경 공부와 성경 암기 대회가 열릴 것이라고 발표했다. 포로들을 격려하고, 일정 기간 안에 가장 많은 성경을 암기한 사람에게 상을 수여하는 행사였다. 그날이 왔을 때, 아버지는 시상자로 포로수용소장(Camp Commander)을 초대했다. 아버지는 이날 어떤 일이 일어날지를 전혀 예측하지 못했다. 참가자들이 성경의 각 장을 낭독하기 시작했다. 참가자들은 성경 구절이 아니라, 아예 복음서를 모두 외워서 낭송했다. 유전복(Yu Jun Bog)은 마태복음을 전부 다 암기했고 다른 다섯 명의 참가자는 요한 계시록을 처음부터 끝까지 모두 암기했다.

놀라운 사건은 이것만이 아니었다. 새벽 기도회는 오랫동안 한국 교회가 지켜온 특징이었다. 기독교인 포로들도 이 관습을 따르기 시작했다. 1951년 11월, 《크리스천 세기(Christian Century)》라는 잡지의 편집자인 해롤드 페이(Harold Fey)가 한국에 왔다. 그는 거제도 포로수용소에서 열리는 새벽 기도회에 참석하겠다고 했다. 기도회가 열린 시간은 꼭두새벽이었다. 새벽이라고 하지만 여전히 어두웠다. 그 시각에 4,600명의 포로들이 모여 큰 목소리로 찬양했다. 이것을 보고 페이 편집장은 전율했다고 했다. 그는 "이곳에서 이런 광경을 보게 될 줄은 꿈에도 몰랐습니다"라고 말했다.

1951년 한여름에 판문점에서 휴전회담이 시작되었다. 포로들 가운데 강경한 공산주의를 고수하던 그룹은 자신들이 곧 풀려날 것으로 기대하였다. 그리고 회담의 주도권을 장악하기 위해, 북한 당국이 포로수용소를 교란시키도록 원한다는 사실을 인지하였다. 그들은 공격을 개시했다. 85수용동에서는 반공주의자로 알려진 16명의 죄수들이 살해되었다. 그 중 6명은 기독교인이었는데, 2명은 집사(Deacons)이기도 했다. 폭력이 진압되고 문제를 일으킨 자들이 특별한 장소에 고립될 때까지 소요는 그치지 않았다. 그들은 수용소장인 딘 소장을 사로잡아 협상을 요구하며 그를 며칠간 감금하는 데도 성공했다.

포로수용소의 기독교인들도 행동했다. 북한으로 송환될 수도 있다는 뉴스가 돌자 혈서를 작성하기 시작했다. 공산주의 체제 하에서 사느니 차라리 죽여 달라는 청원서였다. 이는 엄청난 선전전(宣傳戰)이었다. 청원서가 효력을 미쳤는지 아닌지는 알 수 없지만, 궁극적으로 유엔은 각각의 수감자들이 북한으로 돌아갈 것인지 말 것인지를 스스로 결정하도록 허용했다.

6만 명이 넘는 포로들이 한국을 선택하고 한국에 남았다. 그들이 포로수용소를 떠날 때 나의 아버지 보켈 선교사는 그들을 배웅했다. 포로들은 한국 전역으로 흩어졌다. 전 국토가 여전히 전쟁의 파괴로 비틀거리고 있었지만, 그들은 재건에 참여했고, 교회에 출석했다. 일부는 목회자가 되어 새로운 교회를 개척하기도 했다.

은퇴 후 아버지가 미국으로 돌아오셨을 때, 우리 집 벽에 걸려있던 사진들이 있다. 아버지가 직접 골라 걸어 두신 것들이다. 131명의 남자들이 가운을 입고 학사모를 쓴 모습, 신학 대학 졸업자들, 그리고 포로들의 사진. 브라질로 간 몇 명의 사람들을 포함하여, 그들 중 일부는 선교사가 되었다.

40년 후에 나(아들 보켈)는 한국인 신사들의 초대로 서울에 있는 멋진 호텔에서 저녁을 먹는 특권을 누렸다. 그 분들은 모두 전쟁 포로출신이었다. 신사들은 나에게 아버지에 대한 특별한 경험을 나누어 주었다. 모든 분들이 포로수용소에서 아버지(보켈)가 그들에게 보여주신 말과 행동과 사랑에 대해 깊은 감사를 표했다. 어떤 분은 억만장자가 되어 교회를 짓는데 헌신하고 있었다. 다른 신사는 2,500명의 학생이 다니는 신학교 총장, 또 다른 분은 7,000명의 성도를 섬기는 담임 목사로 봉사하고 계셨다. 끔직한 전쟁 중에도 주님은 놀라운 방법으로 수많은 만남을 맺어 주셨다. 하나님의 선하심에 감탄하며 나는 그날 눈물을 감출 수가 없었다.

아버지가 포로수용소 사역 시절을 회상하면서 남기신 글이 내 귀에 들려오는 듯 했다.

> 포로수용소 사역은 내 일생에 가장 행복하고 열매가 풍성한 사역이었다. 그것은 15만 명의 포로들에게 행하신 하나님의 사역이었다. 성경사경회, 성경 학교를 통해 교회 안에서 하나님의 은혜가 모습을 보였다. 모든 일들을 하나님이 인도하셨고 보호하셨으며 형통하게 하셨다. 하나님은 항상 명확하고도 놀랍게 일하셨기에, 나는 철조망 뒤에서 기독교인들을 찾으시고, 신앙의 힘으로 따스하게 빛나는 기독교인들을 구원하고, 그들을 훈련하고 격려하시는 놀라운 하나님의 손길에 웃을 수 밖에 없었다. 그것은 우리에게 내려주신, 하나님의 성스러운 선물이었다(It is another of His holy surprises (Voelkel).

부록 2

아버지를 회상하며

- 보켈 선교사의 딸
사라(샐리) 모리슨(Sarah(Sally) Morrison)의 회고

2009년 6월 켈리포니아에서

아버지는 성함이 특이하셨다. 해롤드 발렌타인 보켈. 생신날인 1898년 2월 14일, 발렌타인 데이를 상기시키는 이름이었다. 나중에 발렌타인이라는 중간 이름은 쓰지 않으셨지만, 작은아버지 엘머는 매년 'H. 발렌타인 보켈' 앞으로 생일카드를 보냈다. 일부러 장난을 치시느라고!

아버지는 필라델피아에 정착한 독일 이주민 가족의 장남이었다. 세 남매 해롤드(Harold), 엘머(Elmer), 그리고 캐리(Carrie)가 한 집에 살았다. 가족 모두는 독일어로 예배를 보는 루터파 교회에 다녔다. 아버지 해롤드 보켈은 독일어로 견진세례를 받았다. 나중에 가족이 교외인 다비(Darby)로 이사했을 때, 아버지는 새로 이사 간 지역의 장로교회에 출석했다. 그곳에서 청소년 활동과 성경공부 모임에 즐겁게 참석하셨다.

14살이 되었을 때, 해롤드(아버지)는 학교를 그만두고 일자리를 구했다. 가정 재정에 도움을 주어야 했기 때문이다. 그 다음 해에 해롤드의 어머니(내 할머니)가 돌아가셨다. 아버지는 고등학교에 진학하지 못했지만, 책을 놓지 않았다. 그는 자력으로 독서와 공부를 이어갔다. 나중에 대학에 들어갔고, 시험을 쳐서 뒤늦게 고등학교 졸업장을 얻었다. 대학을 졸업하기 전의 일이다.

이 당시부터 아버지는 자신이 선교사로 부름 받았음을 느끼셨고, 뉴저지에 있는 프린스턴 신학교에서 신학 수업을 받았다. 아버지와 나의 어머니 거투르드 스왈론은 1928년에 결혼한다. 어머니는 한국 원산 태생으로, 한국에서 사역하던 선교사의 딸이었다. 대공황 도중인 1930년, 장로교 선교본부는 두 분을 한국으로 파송했다.

선교 경력 초기부터 아버지는 한글과 한국어를 공부했다. 언어를 익힐 때 보여준 그의 끈기에 모두가 감탄했다고 한다. 설교와 강의를 준비하며 아버지는 한국인 비서와 꾸준히 작업했다. 비서는 아버지의 한글 표현을 정제하고 문장을 다듬어 주었다. 한국 사람들과 빨리 친해지기 위해, 아버지는 어딜 가든 나이를 불문하고 모두를 즐겁게 만들 수 있는 이야기와 농담을 배우셨다.

한국어와 관련하여, 아버지와 나 사이의 어릴 적 추억이 있다. 어느 늦은 오후, 아버지와 나는 안동을 산책하고 있었다. 우리 가족이 살고 있던 이 마을(안동)은 한국의 남동쪽에 있었다. 마을은 산들에 둘러싸인 경치 좋은 계곡에 자리하고 있었다. 아버지와 내가 집 짓는 현장을 지나칠 때였다. 일꾼들이 묵직한 짐을 동시에 들 수 있도록 노동요(勞動謠)를 부르던 악사를 기억한다. 그는 이렇게 노래했다.

"양인은 코가 크다, 영치기 영치기 호!
양인 딸은 코가 작다, 영치기 영치기 호!"

노역인들은 '영치기' 구호에 맞춰 온 힘을 다해 목재 들보를 들었다. 아버지와 나는 한국인들의 듣기 좋은 놀림에 한 방 먹은 기분이었다.

또 다른 추억도 있다. 아버지와 함께 어느 시골 마을을 찾아간 적이 있다. 아버지는 절에 모셔진 사천왕상(四天王像)을 내게 보여주셨다. 전쟁의 신이라는 설명을 들었던 것 같다. 절 문 양 옆에 무시무시한 전사(戰士) 형상이 서 있었다. 보는 것만으로 겁이 덜컥 날 정도였다. 한 아낙이 형상 앞에서 무릎을 꿇고 기도를 했다. 기도 중에 크게 손뼉을 치기도 했다. 나는 아버지에게 왜 저 사람이 저렇게 부지런히 손뼉을 치는지 여쭤보았다. 아버지는 '아마 신이 휴가를 가셨다고 생각하나 보다'라고 위트있게 답해 주셨다. 이 사건은 어린 나에게 심오한 충격(?)을 안겨줬다. 나는 우리가 기도를 드리면 주님께서는 언제나 들어주시고 받아 주신다고 생각했다. 그런데 신께서 휴가를 가셨다니!

안동의 선교사들은 함께 모여 파티를 하며 즐거운 시간을 가졌다. 아버지는 근방에 있는 선교사 가족들을 할로윈 파티에 초대하는 초대장을 만들었다. 초대자는 '유령 해롤드'와 '귀신 거투르드'였다! 커튼 뒤에서 나를 붙잡으려는 듯한 기다란 팔의 손님에게 잔뜩 겁을 먹긴 했지만, 파티는 큰 성공이었다! 어머니는 장난감 총을 맨 채 문 옆에 서 있었고, 아버지는 신문지를 돌돌 말아 도착한 손님 개개인을 크게 때리셨다. 전혀 아프지는 않았겠지만, 아주 커다란 소리가 났다.

5살에 어머니와 피아노 수업을 시작했다. 익숙한 노래를 치는 것이 즐거웠고, 아버지는 연습하는 나를 위해 때때로 기도하시며 격려해주셨다. 나중에는 찬송가를 배워 지역 마을 교회에서 작은 펌프 오르간을 연주했다. 작은 공동체 앞에서 처음 연주할 때는 긴장이 됐지만, 실력이 늘자 점점 자신감이 붙었다. 어느 날 아버지께서 단단히 못 박으시며 말씀하셨다. "샐리야, 열정을 가지고 크게 연주하렴. 너무 부드럽게만 치려고 하지 말아라. 성가 연주는 너의 모든 것을 가져다 바치는 거야!" 연주를 할 때마다 자신감과 기쁨이 깃드는 것을 경험한 뒤, 나는 아버지의 말씀을 따르는 것이 훨씬 나은 연주라는 사실을 통감했다. 아버지가 그때 해주셨던 말씀에 지금도 감사한다.

9살이 되었을 때, 아버지는 나를 위한 일대일 성경 수업을 진행하기

예쁜옷을 입은 샐리와 한국 친구들

로 결심하셨다. 노트를 챙기고, 부녀의 성경 공부를 위한 특별한 시간을 만드셨다. 성경 속 이야기들을 더 잘 이해하기 위해 성전(聖殿) 그림을 그렸던 것이 떠오른다. 아버지가 보여준 나에 대한 집중적이고 특별한 관심은 내가 매우 중요한 사람이며 성숙한 존재임을 자각하도록 도와줬다.

내가 성인이 되어 불확실성으로 가득한 상황에 놓여있을 때도 아버지는 나를 위해 기도해 주셨다. 아버지의 기도는 나에게 크나큰 힘이 되었다. 맨하튼에 살고 있을 때, 나는 뉴저지에서 교사로 일하고 싶었다. 일자리를 찾아 다녔지만, 상황은 불리했다. 이미 개학 시즌이었다. 공식 교사 자격증 또한 발급받지 못한 상태였다. 아버지의 기도는 내게 포기하지 않고 지원할 수 있는 용기를 주었다. 아버지의 기도 덕분에, 나는 마침내 워싱턴교(橋) 근처에 있는 뉴저지 주 포트리에서 유치원 교사로 자리 잡을 수 있었다. 아버지가 기도하실 때마다, 나는 하나님이 아버지와 우리 가족을 바른 길로 인도하신다는 것을 확실히 느낄 수 있었다.

아버지는 선교 업무로 봄, 가을이면 일주일씩 출장을 가셨다. 집을 떠나 지방에서 가족과 떨어져 지내셔야 했다. 협곡으로 단절되어 있는 시골 교회들을 방문하시기 위해서였다. 아버지께서는 대게 보조 인력과 더불어 아버지 일행이 드실 음식을 가지고 다니셨다. 그래서 지역 주민들은 아버지가 그들을 찾아갔을 때 얼마 안 되는 본인들의 식량을 나눠야 할 필요가 없었다. 아버지는 교회에서 설교하고, 수업을 개설하고, 새 신도들을 찾아 선교하셨다. 본인의 생산물을 팔기 위해 모인 장터의 군중들에게 성경 이야기를 적극적으로 전하시기도 했다. 아버지가 말씀하신 바에 따르면, 출장 여행 중 가장 힘들었던 점은 한국 집에서 자야 했던 것이었다. 초가지붕에서 쥐들이 앞뒤로 뛰어다니는 곳이었다. 아버지가 출장에서 돌아오시면, 우리 가족은 포옹을 반복하며 아버지의 귀환을 환영했다. 아버지는 집에서 가족과 나누는 시간, 목욕, 맛있는 식사 같은 특권을 누리셨다. 그것은 아버지에게 큰 즐거움이었을 터이다.

가족들에게 말씀하신 것 중 아버지가 가장 좋아하시는 격언은 "정돈하고 정리하자"였다. 우리가 계획을 짜거나 나들이를 갈 때 자주 하신 말씀이다. 각자 잠시 행동을 멈추게 한 뒤, 아버지는 일을 준비하며 각 시간대 별로 구분을 짓고 세부 계획을 마련하셨다. 세부 계획이 마련되면, 다시 처음부터 전반적으로 접근하셨다. 물론 모든 단계마다 세부적인 설명과 지침이 따랐다. 누가 무엇을 하고 우리가 어디에 가든, 정해진 시간에 정확하게 계획을 지킬 것을 매우 강조하셨다! 네 명의 자식들: 나, 잭, 테드, 그리고 할 모두가 "정돈하고 정리하자"는 말씀을 충실하게 따랐다.

날이 쌀쌀해지면, 집 안팎 구분 없이 아버지는 늘 모자를 쓰셨다. 사람들이 "해롤드, 왜 집 안에서도 모자를 쓰나요?"라고 물으면, 아버지는 "남들보다 머리가 취약해서요!"라고 답하셨다. 거실에서 모자와 코트를 입고 외출복 차림으로 책을 읽는 모습은 정말로 웃겼다. 그러나 한국에서 겨울을 지내 본 사람은 알 것이다. 우리 집은 난방이 굉장히 취약했다. 아버지는 감기에 걸리지 않도록 미리 모든 조치를 취하신 것이었다.

아버지가 자주 애용하시던 농담들이 있다. 예를 들면,

“마크 트웨인이 나이가라 폭포를 보면 뭐라 하게?”

대답은 “성공이야!”

이는 아버지의 기념비에도 인용됐다. 아버지의 추도식에서 사람들이 이 농담을 추억했다. 그리고 문장 하나를 덧붙여 주셨다. “해롤드의 삶은 성공이었다.” 아버지의 삶에 바치는 최고의 찬사다!

아버지는 치즈를 좋아하지 않으셨다. 어머니는 결혼 생활 내내 남편이 치즈를 맛보도록 노력하셨다. 이에 대한 아버지의 대답은 한결같았다. “만약 치즈를 입에 대면 좋아하게 될지도 모르지만, 내가 현재 치즈를 좋아하지 않는 건 알아.” 완고한 독일인을 어떻게 해보겠는가? 나중에 집에서 치즈를 곁들인 라자냐(lasagna)를 만들어 드렸던 적이 있다; 아버지는 치즈가 들어있다는 것을 끝까지 모르셨고, 진심으로 맛있게 드셨다!

때때로 아버지는 저녁 식사 이후 우리들에게 작은 간식을 준비해 주셨다. 가족 여섯 명을 위해 캔디바 하나를 일곱 조각으로 나눴다. 아버지께서 “숫자는 일에서 십까지 있다고 본다” 하실 때 일곱 번째 조각은 ‘칭찬과 보상’을 위한 것이었다. 아버지는 일곱 번째 조각을 마련하는 것을 중시하셨다.

아버지의 ‘보상’전략이 유용하게 쓰였던 실례가 있다. 서울에서 아버지는 ‘못(釘) 모으기 게임’을 하셨다. 선교사 자녀들이 아버지에게 못을 10개 가져다 주면, 상으로 캔디바 하나를 받는 게임이다. 이 게임을 통해, 아버지는 자동차 타이어에 필요한 못을 걱정할 필요가 없었다. 처음에 받은 못들은 전부 낡고 부식된 것뿐이었지만, 나중으로 갈수록 점점 더 새것으로 보이는 못들을 받았다. 무슨 일이 있든 아버지는 쭉 캔디바를 챙겨 다니셨다. 아이들에게 사탕을 나눠주는 일은 아버지의 즐거움 가운데 하나였다. 사탕의 힘은 끈끈했다. 나중에 '못 모으기 모임'에서 못 묶음을 만들어 아버지에게 선물로 드렸으니까.

로스앤젤레스 인근 여러 군부대에서 아버지는 육군 군목으로 일하셨다. 아버지가 주재하시던 주일 예배를 돕는 것은 가족들에게 가장 중요한 일이었다. 아버지는 가족 개개인에게 역할을 맡기셨다: 나는 피아노 연주. 잭은 군인들을 깨울 찬양 녹음 재생. 할과 테드는 함께하러 온 이들에게 찬송가 책 전달. 예배가 끝나면 우리 가족은 어질러진 홀에서 식사를 했다. 때로는 군용 비행기 좌석에 앉아봐도 좋다는 허락을 받기도 했다. 형제들은 철저하게 이러한 모험을 즐겼고, 특히 비행기에 대한 지식이나 군인들의 일에 대해 배우기를 좋아했다. 성인이 될 때까지 어머니와 같이 살았던 할은, 이때의 체험에 영향을 받았는지 비행기 승무원이 되었다. 교통편과 관련된 보너스 하나가 더 있다. 아버지가 부대에서의 주말 순찰 의무를 마치고 집으로 향할 때 우리 모두가 군용차를 탈 수 있었던 일이다.

나는 열정적인 여행가다. 세계 탐방에 대한 나의 열정은 아버지로부터 물려받은 것이라 생각한다. 아버지는 장거리 출장을 즐기셨다. 여행도 즐기셨다. 내가 7살 때 우리 가족은 유럽에서 이집트까지 여행할 수 있었다. 배가 수에즈 운하를 천천히 통과했기에 아침 일찍 아버지는 나를 깨워 갑판 아래로 데리고 가셨다. 야자수 행렬과 함께 사막 위로 향하는 해돋이의 풍경이란!

스페인 지역으로 아버지와 떠났던 기억도 있다. 신교도들이 비밀스럽게 만나야 했던 곳이다. 우리는 본인과 만난 일을 철저히 비밀로 하려는 마드리드 출신 미국 선교사와 대화할 수 있었다. 이는 특별한 경험으로 다가왔다. 어느 곳에서나 전도를 할 수 있고 개방적인 분위기에서 교회 종이 크게 울려대는 한국과는 사뭇 달랐다.

할이 미국에서 고등학교를 마치기 위해 한국을 떠날 때, 아버지는 할과 내게 여행을 권하셨다. 인도, 중동, 그리고 유럽을 거쳐 미국으로 입국하라는 말씀이었다. 할을 안내하여, 아버지와 내가 3년 전에 봤던 흥미로운 장소들을 방문하길 강하게 권하셨다. 이 여행은 호기심 넘치고, 개방적이고, 스스로의 의견이 분명한 십대 형제와 함께한 또 다른 모험이었다. 할과 함께 나는 정말로 많은 것들을 봤다.

아버지는 열정적인 독서가였다. 자서전, 설교책, 역사서, 그리고 타임지를 애독하셨다. 아버지가 책을 못 읽으실 정도로 아프셨을 때, 오토 드캠프(Otto DeCamp)씨는 아버지를 매주 방문해 줬다. 아버지의 건강 회복과 타임지 낭독을 위해서였다(한국에서 보켈 선교사와 함께 사역했던 선교사-역자 주). 이 자리를 빌어 다시 한 번 감사드린다.

1950년 한국전쟁이 발발하자, 한국에 관한 지식과 경험이 많았던 아버지(해롤드)에게 요청이 왔다. 한국 부대에서 일하는 민간 목사가 되어달라는 내용이었다. 도쿄에 있던 미국의 극동군 사령부 군목으로 부터 연락을 받으셨다. 아버지는 일본에서 미군에 합류하셨다. 그리고 인천 상륙작전에 참가하셨다. 북한 부대의 허리를 잘라 북한군을 반으로 가른 유명한 승전(勝戰)이다. 상륙작전 당일에만 수천 명의 북한 군인들을 유엔과 미군에게 붙잡혔다. 아버지는 한국어로 말하며 포로들에게 즉각적으로 접촉하셨다. 포로들은 한국어를 하는, 군복을 입은 미국인을 보고 하나같이 놀라워했다고 한다.

그 이후 전시 상황은 급변했다. 유엔군은 북으로 밀고 올라갔지만, 15만 명의 중공군 부대가 국경선을 넘어오며 긴급상황이 발생했다. 압록강 남쪽 북한 지역을 차지하고 있던 유엔군은 최대한 서둘러 남쪽으로 후퇴해야 했다. 유엔군은 일단 함흥으로 모인 뒤 한국의 북동쪽 해안에 위치한 흥남 항구로 이동했다. 그곳에서 남한으로 그들을 안전하게 데려다줄 미 해군 전함에 탑승하는 것이 후퇴 작전의 계획이었다. 곧 수 천 명의 병력을 가진 부대들, 끝이 안 보이는 트럭, 탱크, 그리고 포대의 행렬이 해안으로 이동해 항구에 모였다. 아버지가 이 지역에 도착했을 때, 유엔군이 떠나면 그 지역을 접수할 공산군에게 바로 살해당할지도 모르는 수 천 명의 기독교인들이 있다는 사실을 들으셨다. 하지만 위험에 처한 한국 성도들을 피난시킬 여분의 배를 마련하는 것은 사실상 불가능했다. 거듭 간곡하게 요청했지만 미군 장교로부터 받은 대답은 '노' 였다. 사실 병력을 철수시킬 배편도 부족한 상황이었다. 이러한 사정이 아버지를 완전히 집어삼켰다. 어느 날 아버지가 길가를 걷고 있는데, 한 나이든 한국 여성이 아버지(해롤드)의 소매를 붙잡고 울며 소리쳤다고 한다.

"당신은 우리를 도와주어야만 해요. 뭐라도 좀 해 봐요. 도와줘요. 도와주세요!"

한국 여성들의 탄원이 아버지의 마음을 움직였다. 용감하게도, 아버지는 해군 사령관에게 이 한국 기독교인들의 목숨을 구할 방도가 있는지 물으셨다. 부사령관(deputy commander)은 기독교인들의 곤경에 처했다는 말을 듣고 마음이 움직였다. 절대절명(絶大絶命)의 순간에 나온 기적적인 대답이 바로 "좋소"였다. 그리고, 부사령관은 도시에 남아있는 북한 기독교인들을 위한 탈출용으로 상륙용 주정(LST)들을 제공하였다.

배는 마련되었지만 일이 끝난 것은 아니었다. 어떻게 아버지(해롤드)가 홀로 모든 기독교인들에게 '배에 타기 위해 부두 어디로 언제 모이라'고 공지할 수 있었을까? 그때 갑자기, 아버지는 한국 기독교인들이 습관적으로 그들의 교회에 새벽 기도를 하러 간다는 사실을 떠올리셨다. 서둘러 아버지(해롤드)와 부관(assistant)은(현봉학 박사 - 역자 주) 아주 잠깐씩이라도 각 교회를 방문하기로 했다. 두 사람은 새벽 전에 도시 전체를 차로 돌아다녔다. 부관이 소리치길, "모세가 여기 있습니다! 모세가 오셨습니다! 여러분들을 자유롭게 할 기적이 있습니다!" 신도들이 기쁨의 눈물을 흘리며, 중요한 물건 몇 개만을 싸매고 피난길에 올랐다. 부두에는 남한으로 바로 떠나는, 5,000명의 성도들을 구출할 상륙용 주정(LST)과 그들을 안전하게 보호해 줄 해병들이 있었다. 성도들은 부두를 향해 서둘러 걸음을 옮겼다. 이후 한국 선교사들은 아버지가 주님으로부터 모세의 역할을 부여받았다고 말씀하시곤 했다. 사람들을 포로 신세에서 구해 약속된 땅으로 인도하였다는 것이다. 이북에서 내려온 피난민들은 남해의 거제도에 내려졌다. 그들은 섬 곳곳에 분포한 마을들로 흩어졌다. 모두 살아 남았다. 기독교인들의 기도가 응답을 받은 것이다!

한편 유엔은 북쪽의 피난민들이 상륙한 섬 거제도에 커다란 포로수용소를 지었다. 15만 명의 북한군 포로를 수용하기 위한 시설이었다. 아버지(해롤드)는 포로들을 위해 열정적으로 일하셨다. 자발적 야외 종교 모임을 조직하고, 캠프 내의 다양한 구역에서 선교활동을 시작하셨다. 아버지의 방식은 독특했다고 말할 수 있다: 아버지는 찬양을 이끌고, 희망과 믿음에 관한 성경적 메시지를 전달하고, 포로들의 질문에 대답하는 시간을 가지셨다. 긍정적 반응이 포로들 사이에서 즉각적으로 나타났고, 곧 수많은 전쟁 포로들이 기독교인이 되기로 마음먹었다. 아버지가 마련한 다음 단계는 수용소 내 각기 다른 구역들마다 찬송, 영어, 체조, 성경 공부와 같은 다양한 과목들을 개설하는 것이었다. 다양한 수업 과목이 꼭 필요한 것인지 교육자들 사이에서도 여러 의견이 있었지만, 이 과정에 한 포로 수용동에서만 240명이 등록할 정도로 인기가 높았다. 호응이 커지고 곧 한국 민간인 목사들이 군목의 스텝으로 초청됐다. 오래지 않아 총 15개의 다른 구역에서 거의 4,000명의 학생들이 등록했다고 아버지(헤롤드)가 보고했다.

아버지가 즐겨 사용하신 단어 중 하나는 "찾아다니다"였다. 아버지의 스태프들과 또 포로들이 크리스마스나 부활절 행사 때 쓸 예배 강단을 꾸미는데 필요한 재료들을 어찌나 잘 '찾아다녔는지' 그저 놀라울 따름이다. 밝은색 종이꽃들은 차갑고 먼지 가득한 캠프 내에서 축제 분위기를 자아냈다. 어머니 거투르드 보켈은 일본에서 악기를 구매하여 포로들에게 보내셨다. 행사에 음악 반주도 곁들여지기를 바라는 마음에서였다.

아버지가 이때의 일을 어떻게 회상하셨는지는 다음과 같다.

> 1992년 동생 잭, 아들 제이미, 그리고 나는 한국을 방문했다. 전쟁 포로 일곱 분이 우리를 저녁 식사에 초대했다. 그들은 포로수용소에서 아버지가 그들에게 베푼 것들에 대해 감사함을 표하고자 했다. 그 분들에 따르면 그 분들은 아버지를 '황제'라 칭했다고 한다. 아버지가 이들에게 뭔가를 베풀 때, 무한의 힘이 있는 것처럼 행동하셨기 때문이라고 했다. 그 호칭을 말할 때마다 그 분들은 우렁차게 웃어 댔다! 이들은 아버지와 아버지가 본인들에게 베푼 노력을 결코 잊지 않았다. 이들 전쟁포로 중 다수는 대형교회 또는 성장하는 교회에서 목사로 봉직하고 있었다.
>
> 우리 가족은 모일 때마다 꼭 '제스츄어로 단어 맞추기' 게임을 하곤 했다. 가장 큰 즐거움은 아버지가 '전쟁포로'를 뽑으시고 우리가 몸짓으로 설명하는 것이었다. 아버지는 매번, 정답을 전혀 알아채지 못하셨다! 마지막에야 아버지는 크게 놀라며 우리가 말하는 답을 들으셨다.
>
> 모든 한국 선교사들에게 친숙한 문구가 있다: "보켈 선교사는 감성적인 사람이다." 누군가 크리스마스 캐롤 '오 크리스마스 트리, 크리스마스 트리'를 연주하거나 부르면 아버지는 언제나 눈물을 보이셨다. 한국전쟁이 끝나고 옛 친구들이 아버지를 방문하면 아버지는 그 분들의 회고와 사연을 듣자마자 바로 감성적이 되셨다. "보켈 선교사는 감성적인 사람이다."라는 말 속에는 아버지의 이러한 섬세한 면이 들어있

다. 사람들이 아버지에게 보내는 애정이 느껴지기에, 이 말을 들을 때마다 내 마음 속에서 기쁨이 차오른다.

아버지는 한국어를 끈질기게 공부하셨다. 일본으로 피난을 떠난 뒤에는 일본어 공부도 열심히 하셨다. 연설과 강의를 준비하며 아버지는 늘 사전(事前) 작업을 하셨다. 시간과 공을 들여 한국의 역사와 문화적 배경에 대한 자료를 준비하셨다. 본인의 한국어를 정제하고 다듬어주는 한국인 비서와 함께였다. 모든 선교사가 다 이렇게 한 것은 것은 아니었다. 미군 장교들에게 선보인 아버지의 발표는 대단한 것이었다. 미국에서 군부대 안에서 생활할 때, 아버지는 군대 문화에 빠르게 적응하시며 장교들이나 군인들과 어울리기를 즐기셨다. 아버지와 군 관계자들과의 친숙함은 멀리 퍼져갔다.

아버지가 특별한 사람이었던 이유가 더 있다. 아버지는 규칙을 존중하면서도, 유연성과 창의성을 존중했던 분이셨다. 폿타운, 앱스콘, 그곳 인근의 소도시 교회에서 설교했고, 한국 서울의 숭실대학과 대광고등학교에서는 교편을 잡으셨다; 포로수용소 안에서는 전쟁포로들에게, 군 교회에서는 군 관계자에게 설교하셨는데, 시골 교회든, 커다란 영락교회든, 심지어 미국 소도시의 작은 교회 어디든 신경 쓰지 않고 불러주는 곳이면 모두 다 찾아가 설교하셨다. 한국에서는 시장(우시장을 포함)에서도 연설하셨고 장터에서 책자도 나눠 주셨다; 한국전쟁 중에 쓰신 아버지의 '친애하는 모든 이들에게'라는 편지는 역사 현장의 귀중한 기록 그 자체였다 - 특히나 거제도 포로수용소 선교 활동은 더더욱 그렇다.

아버지가 주최하신 기금 모으기는 전설적이다. 기금 모으기 프로젝트를 위해 아버지는 퓨 재단(Pugh Foundation)이나 밥 피어스(Bob Pierce) 등에게 연락하는 것에 망설임이 없으셨다. 숭실대학교는 아버지의 도움에 매우 감사하여 건물 한 동을 보켈관(Voelkel Hall)이라고 이름 지었다.

일본에서 보켈선교사의 가족

솔직히 말하면, 아버지에게도 안 좋은 면이 있으셨다. 가끔씩 나는 〈사운드 오브 뮤직〉의 바론 본 트랩 대령과 아버지를 겹쳐 보기도 했다. 아버지의 폭발적 성질과 강도 높은 훈계는 아이인 나에게 두려움을 대상이었다. 이 공포를 지우는데 상당히 오랜 시간이 걸렸다. 아버지가 본인의 형제 엘머나 자매 케리와 어떤 관계인지는 나에게도 미스터리다. 아버지는 둘 중 누구의 장례식에도 참석하길 꺼려하셨다. 형제자매에 대한 배려가 부족하다고 볼 수 있는 이러한 태도는 지금도 이해하기 어려운 것이 사실이다.

아버지는 대단한 선교사이고, 수 천 명을 전도해 기독교인으로 만든 리더였으며, 우리가 세계 곳곳에서 선교를 해야하는 이유에 대해 말씀하시고 많은 젊은이들이 선교사의 길로 향하도록 격려한 인물이기도 하다; 물론 가족을 사랑한 한 명의 가장이었다. 나는 아버지의 모든 업적들에 대해 축복을 보낸다. 아버지의 안 좋았던 면 또한 이제는 용서한다. 아버지 또한 사람이었기에.

부록 3

이별 리포트 1

게르튜드 스왈론 보켈 - 한국에서의 은퇴

한국, 서울 - 1967년 6월

"항상 기뻐하라; 쉬지 말고 기도하라; 범사에 감사하라 이것이 그리스도 예수 안에서 너희를 향하신 하나님의 뜻이라"
(데살로니가전서 5장 16-18절)

게르튜드 스왈론 보켈

선교사 윌리엄 렌더 스왈른과 그의 아내가 한국 서울에 도착한 때는 75년 전(1892)이었다. 제물포(오늘날 인천)쪽 한강에서 쪽배를 타고 두 사람은 마포에 상륙했는데, 마포는 그 당시 수목이 풍성한 언덕과 집들 사이의 들판이 있는 작은 마을이었다. 부부는 서둘러 길을 재촉해야 했다. 해가 지면 성문이 닫혀버리기 때문이었다. 한 무리의 남자들은 먼저 뛰어가서 문이 열려 있도록 했다. 여성을 운반한 것은 4명의 남성이 운행한 가마였다.

평양의 스왈론 가족의 집

어머니는 때때로 나에게 한국에서의 첫날이 얼마나 놀라웠는지 말씀하셨고, 나는 아직도 어머니의 이야기를 기억하고 있다. 낯선 사람들이 말하던 전혀 모르는 언어, 11월 초 저녁노을이 떠오를 때 그늘진 곳에 모여 바닥 긴 파이프에 연기를 불어 의자의 냉기를 줄인 다음에야 흡연자와 비흡연자들이 그나마 편하게 앉거나 쉬었던 일들. 마침내 어머니는 남대문에 도달했고, 성문을 통과하고 나서 지친 여행자들을 따뜻하게 마중하는 언더우드(Underwood) 박사의 집으로 모셔졌다.

남편과 내가 1929년 선교사로 한국을 처음 방문했을 때와는 완전히 다른 도착이었다! 우리 부부는 선편으로 일본을 떠나 부산항에 도착했다. 부산에서 대구까지는 급행열차로, 대구에서 안동까지는 차편으로 이동했다. 이곳은 2차 세계대전까지 우리 집이었던 '동쪽 평화'의 도시다. 안동이라는 지명이 '동쪽 평화의 도시'라는 뜻이다.

지난 38년 간의 수많은 추억들은 내 마음을 가득 채웠다. 나는 '내가 받은 축복들을 헤아리며' 주님이 우리에게 풍요로운 세월들을 허락하

보켈과 스왈론 선교사 3대: 윌리엄 스왈론 선교사와 보켈 선교사
올리벳 스왈론, 사라, 샐리 스왈론, 테드, 잭, 그리고 게르튜드 보켈

셨던 것에 대해 감사한다. 나는 남편과 함께 주님의 사랑을 느끼고 나누는 기쁨을 평생토록 누렸다. 내가 자란 평양의 집으로 올 수 있었던 것과 어른의 시점에서 어떻게 교회와 기독교 기관들(교육, 의학, 전도)이 성장하는지를 본 것, 그리고 그런 기관들이 이 나라 모든 영역의 생명체들에게 얼마나 좋은 영향을 끼쳤는지를 지켜볼 수 있었던 것은 특권 그 자체였다. 로버트 E. 스피어씨가 '평양이 세계에서 가장 큰 선교의 시발점'이라고 말했던 것을 듣고, 주님이 이 땅에서 하신 일들과 이 땅에 부어주신 축복에 대한 감사로 내 마음이 충만했던 것을 회상한다.

우리 부부는 보수적인 남쪽 지방(경상도 지역)에서 선교를 시작하였다. 방문하고 안내하고 감독할 40개의 시골 교회들이 있었고, 새 출발을 격려하며 도와야 하는 지역 집회들이 있었다. 우리는 거의 매일을 교사로 일했다. 교회에서 성경을 가르쳤고, 나의 아이들과 아이들의 친구들을 집으로 불러 가르쳤다. 사람들을 가르치면서 남편과 나는 차오르는 기쁨을 느꼈다. 매일 매일 기쁨 한 다발을 배당받는 느낌이었다.

그 시절 안동은 11명 선교사들의 근거지였다. 최근에 그곳을 재방문했을 때, 나는 그 지역의 교회와 학교가 상당한 발전을 이룩했음을 알았다. 우리가 그 땅에 살 때 우리 스스로 언젠가는 가능하리라고 꿈꿨던 것 이상의 성과였다. 방의 3분 2가 선교사 인원이 부족해 현재 비어 있는 점을 빼고는 아쉬운 점이 조금도 없었다. 현재 우리가 거주했던 지역에는 한 가정만이 남아서 확장하는 지역 업무 전부를 책임지고 있다. 안동에서 주님이 우리에게 허락하신 세월들과 우리를 새롭게 하신 1939년의 생존 경험에 대해 깊이 감사한다.

그 당시 주님께서 내려주신 축복을 받아, 남편과 나는 곧 다가올 전쟁의 기간에 대비해 영적 준비를 할 수 있었다. 우리는 2차대전 말기에 한국을 떠나 미국으로 피난했다.

이후 한국에 돌아오기 까지 우리 가족은 미국에서 지냈고, 한국전쟁이 발발한 후에는 일본에서 3년을 보냈다. 이는 새로운 봉사의 기회였다. 교토에 있는 동안 그곳에 있는 한국인 교회를 도울 수 있었는데, 그곳 목사님의 복음적 열망과 한국인들을 향한 사랑에 나는 감탄을 금할 수 없었다. 남편이 한국에서 포로수용소 군목으로 종군하는 동안, 나와 아이들은 2년을 더 도쿄에서 보냈다.

시간을 빠르게 흘렀다. 1954년 우리는 네 자녀 중 장녀와 막내를 데리고 서울로 돌아왔다. 장녀 셀리는 홍콩에서 유경력(有經歷) 선교사가 될 때까지 3년 동안을 서울 외국학교에서 교사로 재직했고, 이후 선교사인 레버런드 제임스 H. 모리슨과 샌디에고에서 결혼했다. 둘째 잭은 프린스턴에서 신학교를 마쳤다. 결혼 후에는 선교사로서 6년을 캐나다에서 봉직했고 지금은 페루의 리마에서 선교사로 활동하고 있다. 셋째 테드는 위턴 대학에서 공부를 마치고 예일 대학에서 철학 관련 대학원을 다니며 공부를 이어갔다. 막내 할은 워싱터 스포카네에 있는 윗워스 대학을 졸업하고, 장교양성 훈련학교를 다닌 뒤 베트남에서 현재 포병 장교로 근무하고 있다. 가족을 돌보아 주심에 주님께 감사드리며, 자녀들의 삶을 통해 그분의 뜻을 이루실 것을 나는 믿고 있다.

주님께서 우리 부부의 건강을 지켜주신 것에 대하여도 어떻게 표현해도 부족할 정도로 감사한다. 아마도 강인한 개척자적 혈통이 한몫을 했고, 한국의 살기 좋은 기후도 큰 역할을 했겠지만, 확신하기는 모든 것이 주님의 영광이 우리와 함께하신 덕이다.

한국전쟁 당시, 세 곳의 여성 포로수용소를 다니며 성경 수업을 진행한 일도 기억에 남는다. 분명한 변화가 수 백 명 여성포로들의 삶 속에서 일어났다. 이 중 많은 이들이 성경 통신 강좌에 큰 흥미를 가지고 열심히 공부하였다. 이는 그들의 삶을 변화시키는 데 상당한 영향력을 발휘하였다. 일요일 정기 예배시간 때는 뛰어난 여성 교인들이 자원해 설교하였고, 이들 중 한 그룹은 수많은 여성 포로들과 정기적으로 상담하고 성경 공부를 하며 도움을 주었다. 그들이 더 봉사를 잘할 수 있도록 도움을 주기 위해 한 달에 한 번 씩 만남을 가졌던 것을 기억한다.

주간 탁아 시설은 도시의 극빈 지역 두 곳에서 운영되었다. 직장인 엄마들을 위해, 취학 연령 전 아이들을 보호하는 시설이었다. 크리스찬 교사들이 교육을 맡았다. 그들은 아이들에게 점심과 옷, 그리고 사랑을 제공했다. 보호가 동반된 놀이를 통해, 아이들은 건강한 몸과 밝은 얼굴을 보여주었다. 그것은 아이들에게, 엄마들에게 그리고 우리 교사들 모두에게 행복한 시간이었다. 일주일에 한 번씩 엄마 클럽 모임이 열렸다. 전달사항을 알리고 서로 교제하며 종교적 영감을 나누기 위한 모임이었다. 탁아 시설을 위해 그리고 옷이 없는 아이들을 위한 옷을 마련하는데 도움을 주고자, 교회 부녀회원들은 바느질 도구를 들고 일주일에 한 번씩 우리 집에 모였다. 우리는 이 모임을 '아침 바느질 모임'이라고 불렀다. 부녀회원들은 다수의 농촌 여성들이 참가하는 전도대회 때 부녀회가 사용할 퀼트들을 만들기도 했다. 우리가 꾸준히 기도

하는 제목이 있다. 모든 아이들이 주님의 영광 속에 살았으면 하는 것이다. 나는 모든 아이들이 주님이 주시는 기쁨과 복종을 생각하며 주님의 은총 안에서 자랐기를 바란다.

나는 세계 기도의 날, W.C.T.U. 여성 연합회, 그리고 수많은 책무에 관해 한국 친구들과 개별적 토론들을 진행했다. 그 모임들은 내가 한국인들과의 친밀한 교제를 이어가도록 만든 원동력이었다. 그들은 내가 가치 있다고 여기는 능력을 지닌 사람들이었고, 주님을 향한 신앙심이 충만 했으며 감탄이 나올 정도로 헌신적인 교우들이었다. 내가 어떻게 그들의 사랑과 기도를 단 한순간이라도 잊어버릴 수 있겠는가? 한강 넘어 먼 곳에서, 비가 오나, 맑거나, 눈이 오나 매주 목요일이면 성실하게 바느질하러 모임에 참석했던 키 작은 할머니; 미소지으며 노래하면 빛나는 기쁨이 하나 가득했던 임마누엘 집의 상냥한 맹인 소녀; 받은 교육에 크게 응답을 받아 영락교회 유치원에서 교사로 일하면서 여러 교회에서 오르간을 연주하고, 나아가 올 봄 사랑스러운 신부가 되었던 고아 소녀; 남편에게 버림받았지만, 즐거운 마음으로 주야간으로 아이들을 가르쳐 생활비를 벌며 기꺼이 세 고아 소년들을 자기 아들처럼 양육했던 젊은 아내; 나는 그들 모두를 내 머릿속에 기쁨으로 품고 있다.

대천해수욕장에서 보낸 여름 방학을 떠올려 보고 싶다. 성경 컨퍼런스 행사의 저녁 예배였다. 바다 근처의 사랑스러운 환경이 친숙한 분위기를 자아냈었다. 참석자 모두에게 진정으로 휴식과 휴양이 가능했던 시간이다. 그해 그곳에서 기도모임을 함께했던 친구들과 동료들에게 진정으로 감사한다. 피난을 떠나 낯선 곳에서 보냈던 시간들에 대해서도 주님께 감사한다. 선교사 가족들이 피난을 떠났던 그곳에서 우리는 '마음이 하나님께 가까워지는 것'을 느꼈다. 우리 모두는 공동체 안에서 매주 헌신적인 봉사를 나누었다. 그것은 우리가 축복을 잔뜩 누릴

한국에서의 그녀의 헌신으로 인해 상을 받은 게르트루드 보켈

수 있었던 가족 공동체였다.

'시간과 파도는 기다려주지 않기' 때문에, 이제 우리는 반환점을 돌아야 한다. 우리 앞에 새로운 길이 펼쳐져 있다. 하나님이 우리를 인도하신다는 것을 알기에 '우리는 두려움에 흔들리지 않는다.' 주님은 지금까지 충실하게 우리를 지켜주셨고, 우리는 그저 남은 나날을 주를 믿으며 한 걸음씩 내딛을 뿐이다.

플로리다뿐 아니라 캘리포니아에서 은퇴의 해에 자주 인용되는 시(詩)가 있다. 시드니 라이너의 '템파 로빈스(Tempa Robins)'다. 그 시에 이런 구절이 있다. '시간의 낫은 모든 것을 베어 버리지만 나, 햇빛, 그리고 오렌지 나무에게는 축복이다.' 여기에 내가 좋아하는 문장을 마음대로 추가하고 싶다. '영원을 향한 믿음, 희망, 그리고 사랑.'

한국으로 온 선교사가 아니고서는, 누가 이와 같은 풍부한 추억들을 쌓을 수 있겠는가? 나는 주님의 은총으로 풍족한 수확으로 가득한 우리 '조선' 땅에서 섬김을 끝마친 행복한 사람이다.

친애하는 선교사 분들과 내 친구들에게,

미국인 한국인 모두 포함하여 우리가 안동과 서울에 머무르는 동안 사랑했던 것들과 사랑했던 사람들에게,

그곳에 돌아가 그들을 한 번 더 볼 수 있는 날이 오기를 간절히 희망하며,

나아가 영광의 땅에서 기쁨의 재결합을 이루는 거룩한 희망을 가지며,

진정으로 '모든 것에 감사하는' 마음으로,

주님의 뜻 속에서 기뻐하리.

부록 4

아버지와의 추억, 젠비어 (잭) 보켈

콜롬비아 메들린, 1995년 6월

1959년 필라델피아 르환허스트 장로교회의 앞자리에 앉아 있었다. 따뜻한 6월의 저녁이었고 장로교에서 나의 목사 안수식이 있은 이후로 나는 관심의 중심에 있었다. 아버지가 나에게 안수하려 할 때 우리 모두는 (적어도, 나는) 극적인 순간에 다다랐다. 아버지가 말씀한 성경 문구가 놀라웠는데 - 바로 요한3서 4절이었다. (누가 이럴 때 요한3서를?)

아버지는 요한 3서 4절을 자신에게 꼭 맞는 구절이라며 큰 목소리로 말씀하셨다. "내 아들이 예수님을 따른다는 소식을 듣는 것보다 더 기쁜 일이 없다." 아버지는 이 말씀을 전하면서 큰 은혜를 받으셨고, 나 또한 마찬가지였다.

한국인들에게 예수님에 대해 설교하든, 미국 사람들에게 한국 선교에 대해 설교하든, 나는 아버지가 강단 뒤에 서계신 모습을 수 없이 봐왔다. 그러나 이때 아버지는 본인에게 가장 큰 기쁨을 주었던 것을 말씀하셨다. 그것은 하나님을 향한 아버지의 사랑이었고 아들인 내가 하나님의 뜻 안에서 나의 위치를 발견하는 것이었다.

아버지는 나에게 크게 두 역할로 다가왔는데 그것은 설교자와 아버지이다. 두 역할들을 시작으로 다른 역할들에 대한 것도 열거 하겠다.

잭의 프린스턴 신학교 졸업식에서
게르튜드, 앨런, 잭, 마리 앤느 그리고 헤롤드 보켈

아버지 개인의 삶

아버지는 본인의 가족과 그 배경에 대해 이야기 하길 좋아하셨다. 가난했던 가정환경과 재정을 돕기 위해 14살에 학교를 그만둬야 했던 이야기는 즐겨 말씀하셨던 주제다. 아버지는 할아버지를 많이 사랑하셨다. 할아버지는 일이 끝난 저녁이면 작업실이 있는 3층으로 올라가셨다고 하셨다. 가족들은 할아버지가 톱질하고 두드리는 소리를 들었다. 크리스마스에 아이들에게 줄 장난감을 만드시는 것이었다. 아버지는 언제나 14살에 학교를 그만두어야 했던 것과 그렇게 갈망하던 교육 받는 것과 악기 하나 다루는 법을 제대로 배우지 못한 것을 마음 아파 하셨다. 이러한 사실은 아버지가 우리 모두의 어린 시절에 피아노 수업을 받아야 한다고 강권하신 배경이다.

의심할 여지없이 그 시기에 아버지의 삶에 가장 큰 영적 영향을 미친 것은 주일학교 교사였던 존 마틴(John Martin)이었다. 아버지는 마틴이 뛰어난 교사라고 말씀하지는 않으셨지만 주일학교 선생님이셨던 마틴은 주일학교에 있는 아이들을 사랑하셨고, 주일학교 수업에 참석하는 아이들과 함께 시간을 보내고, 여름에는 '해안가'에서 나들이 하는 것을 좋아했다.

마틴은 또한 학생들이 집회에 참가할 수 있도록 기회를 찾곤 했다. 자신이 할 수 있는 것보다 학생들에게 하나님을 더 많이 접할 수 있는 계기를 마련해 준 것이다. 이 중 하나는 Billy Sunday의 복음 캠프였다. 이 곳에서 아버지는 예수를 구원자로 영접하는 부르심에 응답했던 것이다. 또한 또 다른 집회는 라틴 아메리카 미션의 설립자인 해리 스트레찬(Harry Strachan)이 주도하는 '승리하는 삶'이라는 캠프였다. 그곳에서 아버지는 하나님께서 자기를 남미의 선교사로 부르신다는 느낌을 받았다. 스트레찬은 회중에게 〈Si, Cristo me ama〉(네 예수 사랑하심은)라는 찬양을 가르치셨고, 아버지는 40년이 지난 지금도 그때 배우셨던 스페인어 찬송가를 노래하신다. 매우 흥미로운 것은, 1965년 이래 우리의 섬김의 길을 열어놓은 곳이 바로 스트레찬이 설립한 선교단체였다는 사실이다.

아버지의 삶과 사역을 검토해 보니, 세련되지는 않았지만 신실한 평신도였던 존 마틴이 아버지의 삶에 큰 영향을 끼쳤다. 중대한 시기에 선한 영향력을 미친 것에 감사한다. 아버지는 이것을 인정하셨고 평생 동안 하나님의 사람인 존 마틴에게 큰 감사를 하였다.

아버지의 삶에 심오한 영적 영향을 미친 두 번째는 분기점은 무디 성경전문학교(Moody bible Institute)였다. 어느날, 아버지는 길거리에서 전도하는 팀에 들어가셨다. 리더가 "보켈, 내일 네가 간증을 하게 될거네."라고 말했다고 한다. 이전에 이런 종류의 이벤트를 참가한 적이 없고 여전히 꽤 초보자였기에, 아버지는 순수한 의미로 이렇게 여쭤보았다고 한다. "간증이 뭐죠?" 아버지는 곧 간증의 의미와 중요성에 대해 알게 됐다(그리고 그 이후로 지금껏 진심어린 간증을 하시었다!). 행인들에게 한 설교는 아버지 인생의 전환점이 되었다. 아버지 내면에서 본질적인 변화가 일어난 것이다. 아버지는 교회 밖에서 가장 필요한 이들에게 복음을 전할 수 있는 기회나 도전을 좋아하셨다. 이러한 것은 한국에서 아버지가 사역할 때 핵심적인 토양이 되었다.

선교사로사의 비전에 더하여, 무디의 복음주의 이론과 복음주의적 관점은 아버지 삶에 큰 영향을 미쳤다. 아버지는 어렸을 때 존 마틴에게서 받았던 교육으로부터 큰 영향을 받았다. 그때 심은 씨앗에 무디 성경전문학교에서의 체험이 큰 역할을 했다. 양분을 주고 성장하게 해 준 것이다. 또한 아버지의 미래 사역을 더할나위없이 준비하게 만들었다. 프린스턴 신학교와 프린스턴 대학은 아버지에게 학문적 기반과 자원과 명성을 가져다 주었지만, 아버지를 복음주의자로 만든 것은 무디 성경전문학교라고 말할 수 있다. 내가 보았던 아버지의 재능과 부르심의 핵심은 복음주의자로 요약될 수 있다.

1928년 5월 29일, 어머니와 결혼하기 4달 전 그리고 프린스턴 신학교 졸업하기 1년 전에 본인의 성경 속표지에 아버지는 다음과 같이 쓰셨다:

> "하나님과 그분의 아들 예수 그리스도의 사역에 내 평생의 삶을 드렸다. 나는 하나님의 말씀에 대한 신실함과 나의 순수함, 겸손함으로 내가 주님의 사랑과 능력에 대한 진실하고 효과적인 증인이 되도록 기도한다."

아버지의 영적 삶에 세번째 중대한 영향을 미친 것은 아버지께서 한국에서 사역 중에 만났던 알렛타 제이콥즈(Aletta Jacobsz)였다. 아버지는 나중에 제이콥즈의 사역이 본인과 본인의 동료들에게 있어 "극적인 변화의 경험이었다"고 말했다. 사적 대화에서 시작된 이 영적 갱신(spiritual renewal)의 시간은 아버지의 습관과 교제 방식을 극적으로 변화시켰다고 하셨다. 또한 영적갱신은 아버지에게 분노와 이기심을 다루는 것을 도와주었고 예수님에 대한 새로운 사랑을 주었다. 너무나 감동 받으셔서 아버지와 동료들은 제이콥즈씨의 사역을 통해 경험한 것들을 요약한 작은 책자를 만드셨다. 『한국 선교사들의 부흥』이라는 제목으로 출판했는데, 여러 번의 인쇄와 편집을 할만큼 베스트셀러였고, 여전히 여러 곳에서 사용되고 있다.

지금까지 말한 세가지의 강한 영적 경험 외에, 아버지는 본인의 사적 이야기를 거의 하지 않으셨다. 그러나, 그분 개인의 경건함과 반복되었던 신앙생활에 대해 내 자신이 목격한 바를 말씀드리고 싶다. 부모님은 기도할 때 무릎을 닦는데 사용하는 스폰지 고무 패드를 가지고 계셨다. 나는 아침 저녁 부모님이 서로 중보기도 하시는 것을 종종 들었다. 기도는 아버지에게 무엇보다도 중요했던 일이었다. 이미 있는 그룹과 함께하거나 또는 그룹을 만들거나, 아버지는 어디에서든 기도하셨다. 아버지가 즐겨하는 강조점 가운데 하나는 부흥을 위한 기도였다.

나는 아버지의 매일 기도들이 담긴 기도 목록 노트를 상속 받았다. 아버지의 깊은 관심사 중 하나는 크리스천 리더들의 방황하는 아이들을 위한 기도였다. 심지어 여행 중에도 신실하게 기도하셨고 아이들에게 짧지만 따듯하고 다정한 엽서를 보내셨다. 가족 식탁에서 매일 기도하시던 것을 기억한다. 나와 나의 형제들을 위해 기도한 것도 안다.

아버지와 어머니가 가장 힘들었던 경험 중 하나는 내 형 빌리가 1933년, 내가 태어나기 1년 전에 숨을 거둔 일이었다. 아버지의 성경에는 두 문구가 있지만, 둘 다 웅변적 내용이다.

> 첫번째: "1933년 6월 1일. 빌은 매우 아팠다. 의사는 이질을 의심했다. 게르튜드(어머니)는 대구에서 맹장 수술 후 회복 중이었다. 홀로, 내가 주님 앞에 온전히 빌리를 드립니다, 하나님께서 빌리를 구해 주소서."

윌리엄(빌리) 헤롤드 보켈

다른 하나는 거의 7년 후의 메모인데, 얼마나 오래 또 강하게 아버지가 빌리의 죽음을 마음 속의 아픔으로 가지고 계셨는지를 보여 준다.

"1940년 2월 10일. 도쿄 YMCA. 내 생일이 지난 얼마 후, 나는 주님께 드리는 선물로 빌리를 드렸다."

12월의 어느 날, 아버지는 40번째 성경 통독을 마치셨다고 조용히 말씀하셨다. 매년 한번씩 읽으셨는데 - 하루에 3장씩 일요일에는 5장씩, 창세기부터 요한계시록까지 보셨다. 아버지의 성경 두 권을 유품으로 가지고 있는데, 하나는 미국표준번역(ASV) 버전이고 다른 하나는 수정된 표준번역(RSV) 버전이다. 둘다 가죽 표지이고, 바랬고, 줄이 쳐져 있고, 모든 페이지에 영어와 한국어로 메모가 적혀 있다. 성경을 보면서 카드를 사용하시는 것 같지는 않았지만, 아버지는 성경 앞뒤 등의 여백에 메모하는 것을 좋아하셨다. 한번은 본인의 젊은 시절 성경 말씀을 더 많이 암송하길 원했다고 말씀하신 적이 있다. 아버지는 매일 묵상(daily devotion) 습관을 세우기를 격려하셨지만, 가장 큰 격려는 본인 스스로가 보인 모범으로, 손에 성경을 둔 채 매일 아침 홀로 계시는 모습이다.

의심할 여지 없이 아버지는 허드슨 테일러 에게도 영향을 받았는데, 이 분의 말을 성경책에 메모 하셨다. '선교사의 일에 가장 힘든 부분은 규칙적으로, 기도하는 마음으로 성경 공부를 꾸준히 하는 것이다. 사탄은 항상 당신이 성경공부에 전념하려 할 때 그저 창문의 블라인드를 정리하는 것 등의 무엇인가 해야 할 일을 주어 방해한다.'

우리 가정의 아버지

아버지는 가족을 사랑하셨다. 종종 멀리 길게 떠나실 때도 있었고, 특히 전쟁동안은 더 멀리 떠나 계셨지만 늘 가족들을 사랑하셨다. 나는 이것을 확신한다. 아버지는 애정이 많아 쉽게 키스나 허그를 해주셨다.

로스앤젤스에서의 문법 수업 날, 일요일 오후 일과를 정확히 기억한다. 처음에 우리는 낮잠을 잤다. 아버지는 신발을 벗지 않으셨지만, 눈을 가리기 위해 신문지를 얹으셨다. 주무실 때 어떤 소리라도 나면 문제가 생겼다. 일어나자 마자, 아버지는 우리와 함께 산책을 하셨다. 우리는 다양한 곳을 방문했다. 과거의 세월들을 잘 보여주는, 횡단면 나이테를 가진 거대한 삼나무가 우거졌던 숲에 들른 적 있다. 아브라함이 살았을 때를 가리키는 작은 신호(pointer)가 인상 깊었다. 우리는 피 자국이 남아있는 차와 부서진 차들이 쌓여 있는 쓰레기장에 가는 것 또한 좋아했다. 걸으며 많이 이야기한 기억은 없지만, 아버지와 함께 하는게 좋았고 그 기억은 기쁨으로 남아 있다.

특히 선명하게 기억하는 일이 있다. 나에겐 걸으며 관목을 차는 안 좋은 버릇이 있었다. 아버지는 이를 좋아하지 않는다고 말씀하신 적이 있지만, 마침내 나를 세우고 경고하시길, "한번만 더 관목을 차면 집주인에게 데려가 사과하게 할거다." 아버지가 그러리라 믿지 않았지만, 잠시 후 부주의한 채 생각 없이, 또 다른 관목을 찼다. 아버지는 걸음을 멈추시고, 나의 손을 잡으신 후, 계단을 올라가, 놀랍게도 정말 초인종을 누르셨다. 아무도 없길 바랬지만, 그런 행운은 없었다. 인상 좋은 여성이 나왔다. 아버지는 내가 한 일을 설명했고 내가 용서를 구한다고 말하셨다. 실제로, 나도 뜻밖의 상황 속에서 감정이 복받쳐서 용서를 구했다. 집주인은 우리를 집 안으로 초대했고, 사과를 받아 주셨으며, 우유와 쿠키를 주셨다. 내가 알기로, 그 버릇은 이후 말끔히 사라졌다.

한국에서 우리가 함께 했던(여동생, 사라를 빼고) 일년은 내 나이 15살일 때였다. 아버지의 일요 활동은 나를 데리고 지역을 방문하는 것도 포함됐다. 신학교나 대학에서 그분이 해야 할 의무 이외에, 그 지역 수많은 교회를 감독하는 것도 책임지셨다. 나는 어렸고 면허증도 없었지만, 아버지는 내가 지프를 운전하도록 하였고, 이것은 상당한 스릴이 있었다. 우리는 좁고, 울퉁불퉁하고, 포장 안 된 시골 길을 달렸다. 어느날 우연히 개를 치었다. 이 나라에서 차에 치여 불행히 죽는 개와 고양이가 얼마나 되는지 이야기가 나왔다. 아버지도 예전에 개와 고양이를 치신 적이 있다고 하셨다. 그러나, 덧붙이시길, “닭은 죽인 적 없단다”고 말씀하셨다. 나 역시, ‘닭을 친적은 없다’는 아버지의 기록을 깰 일은 없겠다는 것을 확신한다. 커다란 꽥꽥거리는 소리와 미친듯한 날개 짓을 통해 닭은 항상 안전한 곳으로 이동할 것이기 때문이다.

일단 마을에 도착했을 때 아버지는 나에게 트럼펫으로 찬송가를 연주하게 하셨다. 곧 사람들이 모였고, 아버지는 마차 또는 벽에 올라 말씀하기 시작했다. 아버지는 매우 활기차서 자신의 이야기를 하면서 시골사람들을 웃기셨다. 본인의 메시지를 전달하는 과정에 아버지는 시각적 도구나 삽화를 사용하셨다. 또한 황금 시계와 시계줄을 꺼내셨다. 앞줄에 있는 어린 친구를 가리키며 말씀하시길, “이 시계를 준다면 뭐를 하겠니?” 생각 만으로도 아이의 입은 말 그대로 떡 벌어졌다. 말씀하시길, “집에 가져갈 수 있고, 갖고 놀 수 있고, 밤에 배게 밑에 둘 수 있고, 똑딱이는 소리를 들을 수 있지; 타, 타, 타, 타, 타, 안 그러니?” 이 말을 마치시자마자 아버지는 복음이 얼마나 커다란 선물인지를 설명하였고, 어떠한 황금 시계보다 소중하단 걸 말씀하셨다.

아버지는 내가 6살 때 안동의 우리 집 옆 우물에 빠졌던 일을 언급하셨다. 이야기를 펼치시고, 어떻게 어린 내가 '외부인'을 돕는다고 8피트나 채워진 물탱크에서 물을 뜨려했는지 말씀하셨다. 그리다 어떻게 내가 빠지고, 곧 허우적거리고 익사 직전까지 갔는지를 자세하게 얘기하셨다. 아버지는 한 한국인이 막대기를 잡고 이를 우물에 집어 넣어 어떻게 나를 꺼냈는지, 우물에서 나온 내가 절반은 익사한 쥐 마냥 쫄딱 젖은 꼴이었는지를 말씀하셨다. 아버지가 설교 도중에 이 이야기를 하실 때마다, 모든 이들이 사건 당사자인 나를 보며 웃었고, 특히 꼬마들이 포복절도했다. 이 이야기에 덧붙여 아버지는 죄인의 절실한 영적 필요, 주님의 자비로운 개입, 그리고 이러한 삶의 특별한 부름에 응답할 인간적 책임에 대해 설명하셨다. 이 일화는 아버지가 가장 좋아하는 예화중 하나인 것이 분명하다. 실제로 설교 도중에 자주 꺼내셨기 때문이다.

아버지는 '식탁의 독재자'였다. 식사 규칙은 엄격했다. 항상 정시에 그리고 모든 사람이 함께 식탁에 있어야 했다. '더러운 사람'이라 불리고 싶지 않다면 아침에 얼굴을 씻어야 했다. 아버지는 자동적으로 쉽게 대화를 주도했고, 그 와중에도 평가와 관찰을 계속했다. 손님들이 함께하면 그제야 종종 재미있는 이야기나 농담을 더하셨다. 표현에 관해선 배우의 역량이 있으셨고 역량을 마음껏 발휘하셨다.

저녁식사 이후 우리는 '기도'하였다. 장로교 찬송을 두 번 불렀고, 이는 나에게 클래식 찬송가에 대한 놀라운 유산으로 남아있다. 아버지가 성경을 읽으시고, 짧은 설명을 하신 후, 우리는 기도했다. 때때로 모두가 돌아가며 기도하는, 종종 무릎까지 꿇는 '기도의 원'을 가지기도 했다. 한번은 샐리의 남자친구가 일찍 도착했다. 아무런 문제가 되지 않았다. 샐리의 남자친구도 초대되어 참가했기 때문이다. 신문 배달부원으로 나를 뽑았던 사람이 나와 부모님에게 계약에 대해 이야기하러 왔고 기도 시간에 딱 도착했던 적도 있다. 역시 아무런 문제가 되지 않았다. 그 사람도 곧바로 같이 무릎을 꿇고 기도했다.

몇 년 동안 아버지는 웨스트민스터 단답 교리 문답을 배우라고 우리에게 시켰는데, 전부 107개의 질의응답이었다. 후에 프린스턴 신학교에서, 이를 암송할 수 있어서 150 달러 상금을 탈 수 있었다. 어린시절을 되돌아보면, 가족과 기도 했던 순간들은 우리 가족의 삶을 상징한다고 말할 수 있다. 아버지가 이끌고, 어머니가 보조하고, 자녀인 우리들이 함께 하고, 하나님이 중심에 계신 모습 말이다.

아버지는 우리에게 훈련의 중요성을 가르치셨다. 어느 곳에 도착하든, 우리가 예상한 말은, "자, 모이자."였다. 아버지는 10시에 규칙적으로 자는 것도 포함해, 일과표 그대로 삶을 사셨다. 아버지는 매일 성경을 묵상하셨다. 식기는 저녁 직후, 그리고 크리스마스 아침에 선물의 포장을 풀기 전에 닦는 것이 규칙이었다. 아버지는 정확한 분이셨다. "1분을 늦기 보다는 한 시간 일찍 도착하겠다"라고 말씀하시곤 했다. 만약에 우리가 오후 6시에 출발한다면, 5시 45분에 준비를 마치시고 문 밖에서 우리를 부르기 시작하셨다.

아버지는 '삶의 운전사'였다. 동양 선교회 일원이었던 에브 헌트씨가 한번은 아버지에 대해 "그분은 너를 못 박으실 수도, 즐겁게 만들 수도 있는 분이다"라고 말씀하셨다. 이 '운전사'에 관해 내가 가장 예민하게 기억하는 것은 바로 분노이다. 우리는 아버지의 화가 무서웠고 심기를 건드리지 않으려 무단 애를 썼다. 아버지가 내 느린 태도에 짜증내실까봐 숙제를 봐달라는 말을 하기가 불편했다. 그분이 우릴 벌하시면, 때때로 무자비하게, 그분의 화에 따라 행하셨다. 완고하게 대답하는 경향이 있어 테드는 더 심하게 당했을텐데, 그 와중에 나는 첫 매가 내려치기도 전에 울기 시작했다.

때때로 아버지가 했던 농담은 다소 무거운 감이 있다. 2학년일 때 성적표를 받기 위해 학교에 가면서 내 귀에 들린 목소리는, "만약 C학점이면, 집에 올 생각 말고, '직장을 가질 때까진' 연락하지 말아라."였다. 농담이신줄은 알았지만, 그 말에 나는 상처를 입었다. 정말로 C를 받아 갔기 때문이다 - 무려 두 과목에서나! 아버지와 미래에 무엇을 할 것인가에 관한 얘기 했던 일화도 있다. 나는 의사가 될까 생각중이라고 말했다. 아버지는 놀란 표정을 짓고, "뭐? 의사는 똑똑한 사람이나 하는 거야!"라고 말씀하셨다. 그 당시의 나는, 소심하고 어린 감수성 풍부한 꼬마였기에 스스로 똑똑하지 못하단 생각에 이르렀고, 이는 내게 평생 동안 투쟁해야 하는 자격지심(sense of inadequacy)을 안겨줬다.

아버지가 화내시면 우리는 순종했다. 이는 내 특성이 됐고, 이후 내가 성격이 강한 사람들을 대하는 방식으로 자리잡았다. 이 경험들은 나에게서 자신감을 앗아갔다. 아버지가 나 대신 결정하는 것은 일상다반사였다. 그분은 양보하지 않으셨다. 45살인 나를 두고 잠을 몇 시간 자는지 여전히 물으셨고, 수면을 줄이면 야단치실 준비가 돼 있으셨다. 아버지가 나를 사랑해서 그런 것은 알지만, 본인이 여전히 내 삶을 꾸릴 의무가 있다고 생각하시는 것 같아 불편하기도 했다.

감사는 아버지가 중요시 하는 덕목이었다. 모든 재능은 즉각적으로 드러났고, 글쓰기에서 마찬가지었다. 그분의 필기는 읽기 어려울지라도, 나는 쉽게 이해했다. 하지만 아버지는 고유의 아름다움을 가진 선명하게 쓰는 기술을 가지고 있었고, 그것은 거의 아버지 고유의 서체(calligraphy)였다. 이 방식을 이용해 아버지는 아버지 사역에 대한 공헌에 감사를 표현하실 때 상대적으로 짧은 글로 페이지 전체를 채우셨다.

앞에서 나는 우리 남매 모두가 음악 수업을 받아야 한다고 아버지가 고집하셨던 것을 언급했다. 셀리는 피아노에 범상치 않은 재질이 있는 것 같았지만 나는 피아노 치는 것을 기계적으로 배웠다. '재능'이 아니라

'투지'의 결과였다. 첫번째 사역지에서, 전문 오르가니스트가 들어오기 전까지는 나는 모든 예배 시간에 직접 오르간을 연주하였다. 우리가 일본 교토에 살았을 때, 우리 집은 피아노가 없었지만, 부모님은 학교 악기로 우리가 연습할 수 있도록 예약을 해 주셨다. 여전히 아버지가 코트를 걸진 채 관중석에 홀로 앉아, 등을 구부려 타임지를 보시면서 내 연주를 들으시던 (그리고, 추측이지만 내가 계속 연습하는 것을 확인하셨던) 모습을 여전히 기억할 수 있다. 학교 밴드에서 트럼펫을 연주하는 콘서트에도 오셨고, 그때도 타임지를 가져 오셔서 객석에 앉아 기사를 읽으셨다. 그리고 열성적인 환호성이 나온 순간에만 타임지에서 눈을 떼서 나를 바라 보셨다.

아버지는 의사소통에 익숙하셨고, 특히 편지를 통해서 더욱 그러했다. 6살 때 받은 편지가 있다. 믿어도 된다. 대학을 다니는 동안 아버지의 편지를 받지 않은 주(week)는 한 번도 없었다. 핵심 내용은 아버지 마음에 담긴 내면의 것을 나누기 보단 아버지께서 무엇을 하고 있는지, 내 의지로 선택해서 바꿀 수 있는 부분이 무엇인지에 관한 것이었다. 대소동의 상황 속에서 끊임 없이 변해가는 삶을 살아가는 동안 아버지의 편지가 항상 내 삶을 흥미롭게 했다. 내가 말한 어떤 것에도 대답해 주셨고, 격려해 주셨고, 충고도 해주셨다. 내가 가장 그리워하는 것이 있는데, 아버지가 돌아가신 오늘날, 아버지가 받고 싶어하시는 것을 보낼 수 없다는 것이다: 내가 설교한 이야기나, 내가 쓴 기사들, 또 축하하는 마음을 담은 작은 일요 보고서 등. 그분은 언제나 우리를 걱정해 주셨고, 우리에게 관심을 가져 주셨고, 그리고 언제나 답장을 보내 주셨다.

고등학교 3학년에 올라갔을 때, 이 해 동안 내가 친구 중 한명을 주님에게 데리고 오는 즐거움을 누리길 기도한다고 진지하게 말씀하신 적도 있다. 이 말씀은 나에게 구체적인 기대감을 주었고 나는 친구들을 위해 더욱 신실하게 기도를 하기 시작했다. 여러 상황들을 거쳐, 도움이 필요한 친구와 교제를 했고 졸업식날, 식이 열리는 미군 장군의 집에 있는 잔디에서 내 친구를 예수님께 인도하는 특별한 기회를 누릴 수 있었다.

내가 대학 새내기일 때의 일이다. 어느날 인디아나주 위노나 호수(Winona Lake)에서 아버지는 큰 교회의 집회에 참가해 설교를 해야 했다. 나에게 말씀하시길, "잭, 저녁에 아빠와 함께 단상에 오르자꾸나. 너에게 5,000명이나 되는 사람들과 마주하는 게 어떤건지 알려주고 싶단다." 장소는 가득찼고 빈 자리가 없었다. 바다와 같이 많은 얼굴들을 바라보며, 떨리는 마음을 주체할 수 없었다. 그리고 도대체 누가 이 많은 사람들 앞에서 말하는 것을 고대할 수 있는지 이해할 수가 없었다.

아버지는 검소하고, 가난했던 젊은 시절에 큰 영향을 받으셨다. 아버지는 종종 선교자선품(missionary barrel)에서 옷을 찾아 입으셨다. 광이 나는 매끈한 군화를 신으셨고, 설교 때에도 마찬가지였다. 전쟁중 한국에서 복무하는 동안 받은 대령 봉급을 저축하셨고, 비상금을 모으실 수 있었다.

내가 나이를 먹어가고 선교사로서 라틴 아메리카에 살면서 우리 부자의 만남은 적어졌다. 미국에 있는 동안 중요 규칙은 "수신자 부담으로 전화하라(Call us collect)"였다. 전화벨은 아버지가 엄마에게, "여보, 잭이야" 외치게 했고, 두 분 모두 함께 전화를 받으셨다. 아버지는 도움이 필요한 한국 사람들뿐만 아니라, 우리들에게까지 할 수 있는 최대로 관대하셨다. 내가 대학에 갈 때 아버지가 하신 말씀이 기억나는데, "네가 필요한 모든 것을 지불할 능력이 되지만 동전 한 닢이라도 낭비할 돈은 없다." 어른으로서, 특별히 대학원에 있을 때 아버지께서는 미소와 함께 "네가 써도 돼"라는 말과 함께 수표를 주시곤 하였다.

아버지는 어머니를 존경 하셨다. 어머니를 깊이 사랑하셨다. 때때로 아버지께서 어머니에게 보내는 편지를 보았는데, 편지에는 부드러운 표현을 풍부하게 사용하셨다. 아버지는 설거지와 세탁 등의 집안일에도 참여 하시며 우리 자녀들도 함께 하게 하셨다. 그러나, 어머니는 엄격히 옷 구분을 하셨다. 아버지의 리더십에 순종하시는 분이셨지만, 시간에 관해서는 융통성이 있으셨다. 우리가 떠나야 할 때 아버지를 다른 쪽으로 시선을 돌리게 하셨는데, 그 순간에 정말 중요한 대상이 있지 않은가!

아버지는 실용적인 분이었다. 어머니도 마찬가지셨지만, 때때로 의견 충돌이 있었고, 아버지의 완고한 성격과는 맞지 않으셨다. 그러나 어머니는 본인의 의지를 관철하실 수 있으셨다. 어렸을 때의 일로 기억하는데, 아버지가 고집을 부리실 때 어머니가 목청껏 두 주먹을 지고 "죽어도 안돼!"라 소리치셨다. 그런 적이 한 번도 없었고, 아버지가 수그러들었을 땐 우리 모두 까무라치게 놀랐다.

긴 시간동안 서로 떨어져 있었음에도 불구하고 두 분은 서로를 믿으셨다. 한국선교사로 계실때 아버지의 순회 목회 시골 일정을 회상해 보자. 본인이 종종 상기시켜 주셨는 것처럼 일년에 100일 정도는 집을 떠나 멀리 시골 교회 이곳 저곳을 방문하셨다. 한국에서 뿐 미국에서도아버지는 교회 방문의 기나긴 여행으로 인해 가족들과 떨어져 있었다. 2차 세계대전 말에도 상황은 비슷했다. 한국으로 귀환하는 최초 선교사들 중 한명이셨기에 아버지는 거의 2년간 가족과 떨어져 있었다. 한국전쟁 동안 아버지는 전쟁 포로들을 위한 놀라운 사역을 하셨지만, 집으로 돌아오는 날은 약 세 달에 한번 정도였다. 부모님은 서로를 많이 그리워하셨지만, 편지를 통해 계속 안부를 나누셨고 사랑을 이어가셨다.

우리 가족이 어머니의 시신을 화장한 재를 안치하려 모였을 때, 가족 모두 그분의 상실을 통감했다. 모든 절차가 끝나고, 아버지는 슬픔과 희망 모두가 담긴 말씀을 하셨는데, 마치, 감정이 목에 걸린 것처럼, 이렇게 절규하셨다. "잘 가요, 게르튜드(여보), 주님의 발 앞에서 다시 만날 때까지."

외국인 선교사

아버지는 여러 상황 속에서 원래 남미(South America)로의 부름을 받았다고 느끼셨다고 했다. 하지만 어머니는 어머니가 태어나고 자란 나라, 한국으로 돌아오라는 부름을 받으셨다는 것을 느끼셨고, 아버지도 그것을 알았다고 말씀하신 것을 기억한다. 그래서, 특유의 웃음을 띠면서 두 분은 서로 '타협하고' 한국으로 갔다고 말씀하셨다. 아버지는 스스로 내린 결정을 결단코 후회하지 않으셨다. 한국이라는 나라와 사랑에 빠지고, 언어 습득에 최선을 다하고, 한국에 도착한 뒤 얼마 지나지 않아 한국어를 꽤 유창하게 구사하시게 되셨다.

아버지는 스스로 "시골 선교사"라 칭하시곤 하셨다. 아버지는 겸손한 사람들과 잡담을 나누고, 농담을 하고, 질문에 대답할 준비를 하는 것을 편하게 여기셨다.

아버지의 성공의 일부는 그분의 대담함에서 기인했다. 일부사람들은 그것을 건방진 것이라고 부를 수도 있다. 어느 상황에서도, 아버지는 무신경하셨고 도움을 청하는데 거리낌이 없으셨다. 이런 성격은 삶이 결코 세련될 수 없는 거칠고 힘든 전쟁 시기에 큰 도움이 되었다. 그러나, 예민한 어린이였던 나로서는, 아버지가 타인에게 도움을 청할 때마다 당황스러웠고 괴로웠다.

특별히 기억나는 날은 아버지가 큰 트렁크를 옮기고 계실 때였다. 아버지는 군 트럭 옆에 기댄 미군을 발견하셨다. 일말의 망설임도 없이, 군인 앞에 서시고, 미소 짓고, 밝게 물으시길, "군인 양반, 넓은 마음을 베풀 생각 없으신가?" 낯선 이에게 과감하게 도움을 청하는 모습이 너무 부끄러워 나는 전봇대 뒤에 숨었다. 젊은 군인은 놀라서 어찌할 줄 몰라 했으나 아버지의 친근한 제안을 받아들였고, 우리 목적지까지 트렁크를 날라줬다. 아버지는 도움이 필요했고 군인은 시간이 있어 아마

선교여행중의 보켈 선교사와 수행단

도 기꺼이 도와준 것이었지만 나는 혼자서 괴로워 했다.

아버지는 평생 많은 사람들 앞에서 설교하는 법을 가르쳐 준 무디 성경전문학교에게 감사하셨다. 그리고, 많은 선교사들에게 이러한 기술을 가르치시며 만족스러워 하셨다. 방식 중 하나는 적은 금액으로라도 성경을 판매하는 것이었다. 아버지의 신조 중 하나는 "아무것도 함부로 나누어 주지마라 (전단지를 제외하고는)"였다. 돈을 내고 성경책을 사더라도, 그 사람들은 여전히 감사할 것이다. 그리고 그렇게 하는 것이 도움을 주는 쪽이나 받는 쪽에게 모두 이득이다. 무료로 무언가를 나누어 주면 사람들은 가치를 느끼지 못할 것이기 때문이다.

어느날 처음으로 아버지가 시골 예배에 참가했던 때의 이야기도 해 주셨다. 한글을 공부한 지 일년 반 지났을 때였다. 짐 크로서스 부목사께서 아버지가 함께하도록 초대해 찬송가를 소개하라고 하였는데, 그것은 아버지가 한국에서 처음으로 여러 사람 앞에서 말씀하실 기회였다. 아버지는 단어 하나하나를 주의깊게 연습하셨고, 제대로 발음하도

한국의 전통한복을 입고 외출하는 보켈선교사

록 노력하셨다. 그리고 마침내 그 순간이 찾아왔다. 아버지는 무릎을 펴시고, 벌떡 일어나셔서, 천천히 열심히 준비한 말들을 발음하셨다.

외국인의 낯선 억양을 들으며 한국인들은 다들 꽤나 충격 받은 모습이었다고 한다. 그리고 서로를 쳐다보더니, 박장대소하기 시작했다. 발음과 억양이 정말로 특이했기 때문이다. 아버지는 그 순간 너무나 커다란 굴욕감을 느끼셨다고 했다. 자기네 언어인 한국어로 소통하려고 최선을 다한 아버지의 노력을 무지한 시골뜨기 같은 무리가 대놓고 무시하는 것 같은 생각이 들었기 때문이다. 아버지는 진흙벽의 교회에서 뛰쳐 나오는데 그치지 않고, 바로 미국으로 돌아올 수도 있었다고 하셨다. 그러나 실제로 그렇게 하지 않으셨다. 대신, 한국어 공부에 더 많은 시간과 노력을 투자하셨다. 점점 유창하게 발음함에 따라, 그리고 종종 예배 전에 아이들과 농담을 나누며 한국어를 연습했기에 아버지의 억양은 낯설지 않게 들리게 됐고 따라서 문젯거리도 사라졌다.

아버지는 피어슨 신학교(Pierson Bible Institute)에서도 가르치셨다. 그분이 가장 좋아했던 수업 중에는 존 번연(John Bunyan: 1628-1688)의 『천로역정(The Pilgrim's Progress)』이 있었다. 영국 베드포드(Bedford)를 방문할 때 감동을 느끼셨다고 여러번 말씀하셨는데, 베드포드는 복음을 전파하는 것을 불편하게 느낀 이들로 인해 존 번연이 수감된 곳이었다. 아버지는 거의 교육을 받지 못했지만, 주님과의 깊은 만남, 성경에 대한 깊은 지식, 타고난 재능, 성실함으로 인해 그가 살았던 시대에 영향력을 행사한 존 번연의 강력한 사역에 깊이 감명 받으셨다.

복음전도자

아버지는 소통에 능하셨다. 젊은 시절 판매원으로 성공을 거듭하셨다. 한번은 회사에서 남미의 대표로 아버지를 보낼 가능성이 있다고 했다. 아버지는 어머니에게(어머니를 만나기 전에) 남아메리카로 선교를 가기로 결심 했던 사실을 말씀하셨다. 아버지는 본인 스스로에게 물으셨다; 기꺼이 남아메리카에서 사업가가 될 텐가, 왜 선교사는 아닌가?

아버지가 많은 것들에 능통하셨고, 놀라운 지성과 타고난 통찰력이 있으셨지만, 하나님께서 주신 놀라운 재능이 있으셨다. 영적인 은사들은 아버지가 복음 전도, 특히 공적인 복음적 상황에 특화되셨다고 생각한다. 에브 헌트는 아버지한테 낯선 사람은 없다고 하셨다. 아버지는 항상 누구와도 복음을 나눌 준비가 되셨던 분이다.

그분은 주님의 은혜를 풍부하게 경험하셨고, 주님의 용서의 응답 없이는 모든 것을 잃은 것과 마찬가지라 믿으셨고, 자신의 모든 것을 다해 진리를 선포하는 일을 즐기셨다. 주님의 말씀은 아버지를 가득 채우셨고, 마음을 따뜻이 덥혔으며, 그의 존재 자체를 통해 강력하게 쏟아져 나왔다. 표정은 아버지의 말씀을 드러냈고, 태도는 적극적이었으며 설교 때 강조 해야 하는 점을 표정과 태도에 실어서 전달하는 타이밍은 전문 배우 수준이었다.

한번은 아버지께서 본인은 대략 열 개의 설교 주제만을 가지고 있다고 인정하셨다. 우리가족은 대부분의 주제를 여러번 들었다. 그 중 하나의 설교제목은 '떠나 보내라(Sand them away)'였다. 그 밖에도 기억나는 제목들이 있다. '탕자(蕩子)', '하나님의 슬픔', '당신 앞에 열린 문을 뒀다' 등 이다. 이 설교 주제들은 물론 전쟁 포로를 위한 사역과도 깊이 관련되어 있다. 아버지가 가족 앞에서 설교하실 때면, 어머니는 마치 아버지의 설교를 처음듣는 것처럼 밝은 얼굴로 설교들을 들으셨다. 어머니는 "오늘 아침 따라 '떠나 보내라'는 설교가 은혜스러운 것 같아요, 하롤드."라고 말씀하시곤 했다.

아버지가 설교 시리즈를 구성할 수 있었지만, 그 메시지는 비슷하게 겹치는 경향이 있었다. 그러나 아무 문제가 없었다. 아버지께서는 학생 담당목사로 봉직 하신 이후, 한 교회의 담당 목사로 섬기신 적이 한 번도 없었기 때문이다. 아버지는 미국이나 한국으로 항상 이동 하셨다, 한번은 나에게 실제로 설교를 시작하기 전까지는 어떤 주제로 설교할지 확신할 수 없다고 고백하셨다. 결과가 좋으면 아버지는 종종 하나님이 "위대한 자유를 주셨다"고 말씀하셨다. 아버지 설교내용과 관계없이 설교 중 아무도 잠이 든 적이 없었고, 성도들은 대게 그분의 설득력과 열정에 사로잡혔다. 한번은 아버지가 월넛 크리크 장로교회(Walnet Creek Prebyterian Church)에서 설교하시는 말씀을 들었다. 설교중 "직업으로 선교사를 생각하는 젊은이들이 있다면 단상으로 나오라"고 말씀하셨다. 이때, 서른 명이 넘는 젊은이가 나왔던 것으로 기억한다. 그리고 나서 아버지는 이 젊은이들의 부모님들께 이 기념할만한 결정으로 당신들의 자녀가 주님을 따르는 선교사가 되는 것을 허락할지를 물으셨고, 허락한다면 자리에서 일어서도록 요청하셨다.

아버지는 항상 자유롭게 설교하셨다. 장로교회에서는 목회자나 성도나 20분 가량의 매우 세련된 메시지에 익숙했다. 하지만 간혹 "자유" 속으로 들어가실 때면, 아버지는 거의 한 시간은 말씀하셨고, 그 이상의 시간도 열정적으로 말씀하신 적도 많다. 교회에서 여전히 아침·저녁 예배를 보던 시기에, 아버지는 전쟁포로와 관련된 슬라이드를 보여 달라는 요청을 받으셨다. 사람들의 참석을 격려하기 위해 아버지는 아침 예배 동안 집회에서 말씀하셨다. "저녁에 올수 있음에도 저녁에 안 나오시면, 반드시 후회하실 것입니다!"라며 청중을 웃기셨고, 그 날 저녁 예배는 기록적인 출석률을 보였다.

2차 세계대전 중, 아버지는 공군에서 군종목사로 일하시며, 대기업인 록히드 회사나 더글라스 회사에서 군일들과 함께 근무하였다. 초기에 우리 가족도 회사로 데려가 주시고 P-3, 콘스텔레이션, 머스탕 등등의 비행기와 비행기 안을 구경할 기회를 주시기도 했다. 아버지는 아침 예배를 준비하며 사내 전체 방송으로 찬송을 틀며 하루를 시작하시고, 남자들을 깨우기 위해 병영으로 가셨다. "일어나라 병사들이여, 교회 갈 시간이다"라고 하셨고, 아버지가 간부였기에 군인들은 따라야만 했다. 교회 시간이면 상당히 많은 사람이 참석하였다. 셀리와 나는 피아노를 연주하고, 테드는 찬송가를 나눠줬다. 그리고 나서 식당에서 저녁 만찬이 있었다.

아버지는 대게 복음적인 말씀을 전하셨고, 항상 예수님을 영접하는 초대의 시간을 가졌다. 일반적인 조언을 제외하고, 젊은이들을 도와주려는 시도가 있었는지는 기억이 없다. 그러나 특별한 도움이 없었음에도 예배 중 예수 그리스도를 만나고 주님을 따르기로 한 많은 사례들이 나타나 놀라웠다. 일정 주기로 군인들은 교체됐고 매주 수백명의 청년 군인들이 아버지의 전도 메시지를 들었다.

아버지 사역 중 가장 어렵고 가슴 아팠던 부분이 있다. 전쟁중 사망한 병사의 가족들에게 국방부로부터 받은 전문을 전달하는 일이었다. 때때로 아버지께서는 그 자리에 함께하도록 나를 초대하셨다. 병사의 가족들은 낯선 목사가 집을 방문하면, 곧 무슨 일인지 눈치챘다. 나 스스로 가능한 이목을 끌지 못하게 노력했고, 아버지의 상냥함과 섬세함, 특히 젊은 과부들을 향한 태도에 나는 감사의 마음이 들었다.

아버지가 상담에 재능있다고 하지는 않겠다. 상담을 요청하며 아버지와 이야기를 나누는 사람들을 봤고, 본인의 생각을 명료하게 하기 위한 노력으로 어떻게 눈을 감으시는지 봤으나, 아버지는 개인 상담 때보다는 강단 앞에서가 훨씬 평안해 보이셨다.

나를 향한 아버지의 섬세함에도 감사한다. 한번은 교토에서 도쿄로 이사간다고 말씀하실 때 나는 반대했는데, 그것은 내게 여자 친구가 있었고 그녀와 떨어지는 것이 힘들었기 때문이다. 내 말을 들으시고, 지혜와 상냥함과 확신을 담아, 16살이었던 내가 이성과 너무 깊게 교제하면 안된다고 일러주셨다. 아버지와의 대화를 통해 나는 진심으로 그 말이 맞다는 것을 알았고, 온전히 건강하다 볼 수 없고 먼 미래의 관점에서 희망적이지 않은 관계에서 벗어나는데 있어 이사가 도움이 될 것이라는 것을 본능적으로 느꼈다.

수렴 - 전쟁포로 사역

리더십 이론에 대한 아버지의 의견에 따르면, 인생에 있어 하나님은 리더를 위해 많은 것을 예비하신다. 그 사람의 재능과 경험에 정확히 들어맞는 역할을 준비하신다고 말씀하셨다. 그래서 사역이 극대화가 될 수 있다는 것이다. 리더는 하나님이 주신 것을 최대한 활용해야 하고, 하나님이 재능을 주지않았거나 적합하지 않는 사역을 하지 않아도 된다.

하나님께서 리더에게 역할을 적절하게 주시는 기간 동안, 삶의 성숙

포로수용소에서 보켈 선교사

과 사역의 성숙이 절정에서 만난다. 아버지는 이를 가리켜 수렴이라 하셨다. 한국전쟁에서 포로 사역을 하시는 동안 아버지가 수렴을 경험했다고 믿는다. 아버지의 대담함은 많은 이들이 멈춰 있을 상황에서 그들을 자신감 있게 나아가게 했다.

5만 명의 '두려워하고, 다 해진, 그리고 굶주려 보이는' 전쟁 포로들이 무리 지어 있는 평양 내 폭격맞은 창고로의 첫 출입으로부터, 거제도에 있는 포로 수용소까지, 아버지는 복음을 가지고 도움이 필요한 이들에게 접근할 특별한 기회를 가지셨다.

아버지의 한국어 구사능력은 아버지에게 자신감을 주었다. 그분의 웅변과 같은 설교는 듣는 이들을 사로잡았다. 아버지의 주도적 태도와 창의성은 이 특별한 상황 속에서 최대한 발휘되었다. 한번은 아버지께 전쟁이 일어난 지난 2년 반 동안 몇 명이나 복음을 받아들였지를 질문한 적이 있다. 아버지는 30,000명쯤으로 추정하셨다. 포로들 중 수백 명이 목사로 부르심을 받았다고 아버지께서 말했다. 내 생각에 아버지

1969년 3월
숭덕여자중학교에 걸린 청동 명판

는 200명정도가 신학교에 갈 수 있도록 도왔던 것 같다. 그중 한 명은 2,000명이 넘는 학생을 보유한 서울에 있는 장로교 신학대학교의 총장이 되었다. 다른 분은 5,000명 성도를 가진 교회의 담임목사가 되었고 또 다른 한 명은 7,000명의 성도를 가진 교회의 담임목사가 되었다. 전쟁포로 졸업생들은 은퇴하신 어머니와 아버지를 두 번이나 한국으로 초정하였다.

샐리, 제미, 그리고 내가 한국이 그리워 방문했던 1992년 3월에 이들 중 몇 사람을 만났다. 아버지를 통하여 주님이 이들에게 행하신 일에 감사하며, 이들은 아버지의 명예를 기리며 숭덕여자중학교를 설립하였다. 나는 학교 행사 때 초대를 받았고 축구장 만한 4층 규모에 약 1,500명의 여학생이 운동장에 가지런히 정렬한 모습에 압도되었다.

교장실에서 한국어와 영어로 이런 문구가 쓰인 청동으로 만들어진 명판을 보았다. "이 학교는 한국땅에서 선교사로 헌신한 해롤드 보켈 목사님을 기리기 위해 설립 되었다. 그는 1898년 2월 14일 미국 펜실바니아 필라델피아에 태어나, 평화의 사도로서 한국에 1929년에 왔고 한국인들을 위해 전 생애를 바쳤다. 한국전쟁 동안, 우리는 유엔의 포로수용소에 수감되어 있었던 북한에서 온 전쟁 포로들이었다. 그곳에서 우리는 보켈목사님으로 부터 구원의 복음을 받았고 1953년 휴전조약 이후 그는 우리를 자유 대한민국에 살 수 있게 도와주었다. 우리 200명이 넘는 전쟁포로들이 교회와 우리의 나라를 섬길수 있도록 그 분의

숭실대학교에서 보켈선교사

도움을 받아 대학과 신학교에서 교육 받아 왔다. 우리의 노력은 널리 퍼졌다. 그러나 잊을 수 없는 보켈 목사님을 선행을 기억하기 위해 우리는 1966년에 이 학교를 세웠다.

깊은 감사를 담아, 북한에서 온 전쟁 포로 기독교 친구 공동체가. 1969년 3월 1일"

이 명판을 읽었던 일은 나에게 감동적인 순간 그 자체였는데, 그 동판에 아버지의 비전, 용기, 발의, 그리고 삶의 결실이 모두 들어 있다고 생각했기 때문이다. 포로수용소에서 3년도 안되는 기간 동안을 사역하셨을 뿐이지만, 시절은 반공 포도들에게도 그리고 아버지에게도 인생에서 매우 특별한 시간이었을 터이다. 포로 수용소에서의 3년은 아버지가 태어나시고 주님이 그 삶에 마련해 놓은 특별하고 기념적인 사역이라 생각한다. 이는 아버지의 유산이다.

한국전쟁 이후, 아버지와 어머니는 한국으로 돌아오셨다. 아버지는 숭실대에서 교직을 맡아 가르치시고, 지역 교회를 방문하셨고, 감옥에서 전도사역을 하셨다. 아버지는 항상 믿음이 가득한 분이셨지만, 예전의 반짝임은 더 이상 없었다. 그 분은 할 일을 다 마치셨다.

아버지의 후반부 삶

어느 글에선가, 인생의 마지막을 잘 마무리한 사람들이 거의 없다고 읽은 적이 있다. 그러나 아버지는 삶을 잘 마무리 하셨다. 아버지에 대한 마지막 기억 중에 하나는, 파킨슨병에 걸려 허리가 굽으셨고, 체크셔츠와 넥타이, 낡은 뒤집어진 모자를 얹은 이상한 조합으로 코디를 하셨던 모습이다. 그런 차림으로 아버지는 어머니 옆에서 온타리오 공항에서 귀국하는 나를 기다리고 계셨다. 언제나 나를 보기를 간절히 바라셨는데, 눈에는 여전히 같은 주름이 있고, 농담할 기회를 기다리고 계셨다.

기도 모임에 절대로 늦으면 안된다는 말씀을 중얼거리신 것을 기억한다. 말년에는 아침 일찍 흔들의자에 앉아, 어깨에 녹색 담요를 두르고, 여전히 일 년에 한번 성경을 통독하시면서, 졸고 또 조시며, 이를 깨닫지 못하시는 아버지를 볼 수 있었다.

그러나 내가 가장 마음이 아픈 것은 건강 센터 침대에 누워, 너무 약해지셔서 걷기도 힘든 모습을 볼 때였다. 아버지는 구금된 멕시코사람들을 돕기 위한 목적으로 성경 모임을 만드셨다고 고요한 기쁨 가운데 나에게 말씀하셨다. 멕시코인들의 영어 부족으로 그들과 그리 잘 의사소통하시지는 못하셨지만, 스페인어 성경을 구하셨고 그들에게 아버지의 구세주인 예수그리스도를 소개하셨다. 그는 마지막까지 복음전도자였다.

옥호열

Voelkel, Harold : 1898-1984

초판발행일 2020년 6월 30일
지 은 이 배귀희
발 행 인 황준성
펴 낸 곳 숭실대학교 지식정보처 중앙도서관
서울 동작구 상도로 369
등 록 제14-2호(1982.1.25)
TEL : 02-820-0739
FAX : 02-817-5297
http://press.ssu.ac.kr
인 쇄 처 열린문화(02-2278-1791)
값 12,000원
ISBN 978-89-7450-395-6